# 2018ANTIQUES

AUCTION RECORDS

# 拍卖年鉴 杂项

2017.1.1～2017.12.31

欣 弘 主编

湖南美术出版社

**图书在版编目(CIP)数据**

2018古董拍卖年鉴 · 杂项 / 欣弘编. —长沙：湖南美术出版社，2017.12
ISBN 978-7-5356-8316-8

Ⅰ. ①2… Ⅱ. ①欣… Ⅲ. ①历史文物－拍卖－价格－中国－2018－年鉴 Ⅳ. ①F724.787-54

中国版本图书馆CIP数据核字(2017)第330710号

## 2018古董拍卖年鉴 · 杂项

主　　编：欣　弘
策　　划：易兴宏
责任编辑：李　坚

湖南美术出版社出版发行(长沙市东二环一段622号)
湖南省新华书店经销
雅昌文化(集团)有限公司制版、印刷
(本书采用CTP工艺制版、印刷)
开本：787×1092　1/16　印张：28
版次：2017年12月第1版　印次：2018年1月第1次印刷
ISBN 978-7-5356-8316-8
定价：198.00元

【版权所有，请勿翻印、转载】

邮购联系：0731-84787105　邮编：410016　网址：http://www.arts-press.com/
电子邮箱：market@arts-press.com
如有倒装、破损、少页等印装质量问题，请与印刷厂联系斢换。

# 目　录

# 凡　例

1.《2018古董拍卖年鉴》分瓷器卷、玉器卷、杂项卷、珠宝翡翠卷、书画卷共五册，收录了纽约、伦敦、巴黎、日内瓦、香港、澳门、台北、北京、上海、广州、昆明、天津、重庆、成都、合肥、南京、西安、沈阳、济南等城市或地区的几十家拍卖公司几百个专场的2017年度拍卖成交记录与拍品图片。

2.本书内文条目原则上保留了原拍卖记录，按拍品号、品名、估价、成交价、尺寸、拍卖公司名称、拍卖日期等排序，部分原内容缺或不详的不注明，书画卷内文条目还有作者姓名、作品形式、创作年代等内容。

3.因境外拍卖公司宿地不同，本书拍品中有多种币种：RMB人民币，USD美元，EUR欧元，GBP英磅，HKD港币，TWD台币。但本书所有拍品成交价均按汇率转换成RMB(人民币)币种。

4.多人合作的作品，目录中仅列出一位主要作者的名字。

5.需查看更多图片资料，请登陆“www.artron.net”进入《中国艺搜》栏目，输入要查看拍品的完整名称或名称的关键词语点击搜索即可。

# 竹 雕

2518 明 竹雕佛手摆件
估 价：RMB 350,000~400,000
成交价：RMB 402,500
长19.5cm 北京匡时 2017-12-03

1495 明 竹雕太狮少狮摆件
估 价：RMB 100,000~200,000
成交价：RMB 322,000
直径12.5cm 上海匡时 2017-11-05

3005 明末 传朱鹤制竹圆雕古松水丞
估 价：HKD 400,000~600,000
成交价：RMB 1,348,750
长6.5cm 香港苏富比 2017-10-03

249 明晚期 竹雕松下高士图香筒
估 价：RMB 120,000~200,000
成交价：RMB 218,500
高14.5cm 上海明轩 2017-06-30

1178 清早期 竹雕松桩笔掭
估 价：RMB 100,000~150,000
成交价：RMB 115,000
长13cm 华艺国际 2017-05-27

2975 清初 沈建刻竹松下高士摆件
估 价：HKD 120,000~150,000
成交价：RMB 159,563
宽8cm 佳士得 2017-11-29

204 清早期 清溪制竹雕山村归客图笔筒
“壬戌初春清溪”款
估 价：RMB 300,000~400,000
成交价：RMB 345,000
高12.4cm 保利华谊 2017-12-08

203 清早期 张希黄制竹刻留青仙山楼阁臂搁
估 价：RMB 600,000~800,000
成交价：RMB 1,092,500
长20.8cm 保利华谊 2017-12-08

1580 清早期 竹雕西园雅集图“老桐”款笔筒
“老桐”款
估 价：RMB 350,000~450,000
成交价：RMB 483,000
12cm × 14cm 上海匡时 2017-11-05

38 清早期 顾宗玉制竹雕笔筒
估 价：RMB 900,000~1,200,000
成交价：RMB 1,035,000
高10.7cm 中贸圣佳 2017-06-18

37 清早期 竹根雕刘海像
估 价：RMB 350,000~450,000
成交价：RMB 402,500
11.5cm × 9.5cm 中贸圣佳 2017-06-18

1122 清早期 竹雕一鹭莲科纹水洗
估 价：RMB 80,000~120,000
成交价：RMB 161,000
直径16cm 西泠拍卖 2017-07-15

3713 清康熙 竹根雕寿老童子
估 价：HKD 700,000~900,000
成交价：RMB 705,500
高35.8cm 香港苏富比 2017-10-03

5943 清早期 竹根雕童子牧牛像
估 价：RMB 100,000~150,000
成交价：RMB 207,000
高21cm 北京保利 2017-06-07

5945 清早期 竹雕西厢记砚
估 价：RMB 80,000~120,000
成交价：RMB 207,000
长10cm 北京保利 2017-06-07

803 清初 顾钰款竹雕兰亭雅集图笔筒
“顾钰”款 钤印：“宗玉”
估 价：RMB 500,000~600,000
成交价：RMB 575,000
高16cm 保利厦门 2017-06-26

5863 清康熙 竹雕胡人狩猎图香筒
“圣瑞家藏”款
估 价：RMB 500,000~800,000
成交价：RMB 920,000
高21cm 北京保利 2017-12-19

1121 清康熙 竹雕采药老人像
估 价：RMB 500,000~800,000
成交价：RMB 1,138,500
高15.7cm 西泠拍卖 2017-07-15

945 清康熙 御制竹雕松形鼠纹杯（一对）
估 价：RMB 500,000~800,000
成交价：RMB 575,000
高7cm×2 保利厦门 2017-06-25

153 清康熙 竹雕八仙过海图笔筒
估 价：EUR 30,000~50,000
成交价：RMB 429,770
高15.3cm 巴黎苏富比 2017-06-22

36 清乾隆 西园雅集竹雕山子
估 价：RMB 550,000~650,000
成交价：RMB 632,500
长28.5cm 中贸圣佳 2017-06-18

2279 清乾隆 竹刻诗文竹形臂搁
“石庵”行书款
估　价：RMB 80,000~120,000
成交价：RMB 460,000
长28cm 北京翰海 2017-12-16

1568 清乾隆 宫廷御制竹根雕仿青铜饕餮纹兽足鼎
成交价：RMB 24,150,000
高20cm 北京东正 2017-06-08

1506 清乾隆 竹雕冰梅鸟笼
估　价：RMB 150,000~180,000
成交价：RMB 172,500
高21.5cm 上海匡时 2017-11-05

4868 清乾隆 竹雕仿古兽面纹提梁卣
估　价：RMB 120,000~220,000
成交价：RMB 241,500
高20cm 中国嘉德 2017-06-19

85 清乾隆 “芷岩”款竹雕“竹林七贤”笔筒
估　价：RMB 800,000~1,000,000
成交价：RMB 920,000
高12cm 北京宣石 2017-05-21

5898 清乾隆 白玉鸠首竹杖
估　价：RMB 300,000~500,000
成交价：RMB 368,000
长89cm 北京保利 2017-06-07

1606 清中期 竹根如意
估　价：RMB 150,000~250,000
成交价：RMB 172,500
长40cm 上海匡时 2017-11-05

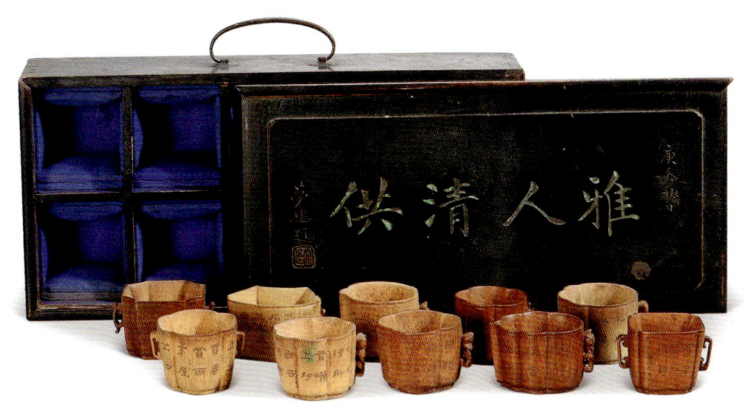


1899 清中期 王文治题“雅人清供”竹杯（十只）
估　价：RMB 350,000~500,000
成交价：RMB 402,500
尺寸不一 中贸圣佳 2017-06-18

5017 清中期 六舟和尚竹根灯
估　价：RMB 50,000~80,000
成交价：RMB 345,000
高29.8cm 中国嘉德 2017-06-19

518 清 周芷岩 芭蕉竹石图竹制诗筒
估　价：RMB 300,000~500,000
成交价：RMB 747,500
高12.8cm 荣宝斋（上海） 2017-07-30

3162 清中期 竹刻留青浴马图尚勋款笔筒
估　价：HKD 1,200,000~2,600,000
成交价：RMB 1,756,260
高11.2cm 佳士得 2017-05-31

899 清晚期 竹笛
估 价：RMB 10,000~15,000
成交价：RMB 97,750
长74.2cm 北京诚轩 2017-06-20

5034 清 湘妃竹扇骨
估 价：RMB 100,000~200,000
成交价：RMB 368,000
长36cm 中国嘉德 2017-12-21

1227 清 竹雕天鸡耳香炉
估 价：RMB 60,000~100,000
成交价：RMB 69,000
高10cm 广东崇正 2017-06-15

669 清 竹雕山水人物山子
估 价：HKD 180,000~250,000
成交价：RMB 176,292
高15.5cm 北京匡时 2017-10-02

1892 清 竹根雕太狮少狮香熏
估 价：RMB 200,000~250,000
成交价：RMB 218,500
高25cm 中贸圣佳 2017-06-18

1295 清 竹编漆金捧盒
“大清雍正年造”款、“内宫”款
估 价：RMB 50,000~80,000
成交价：RMB 92,000
直径30.3cm 西泠拍卖 2017-07-15

34 清 墨心紫花腊地湘妃竹茶则
估 价：RMB 120,000~160,000
成交价：RMB 138,000
长20.1cm 中贸圣佳 2017-06-18

1002 清 竹根制诗文小急须
估 价：RMB 30,000~50,000
成交价：RMB 34,500
10cm × 6.8cm 北京东正 2017-06-08

3170 18世纪 文竹缠枝纹海棠式双层盖盒
估 价：HKD 150,000~300,000
成交价：RMB 1,108,750
宽15.4cm 佳士得 2017-05-31

35 清 湘妃竹扇骨
估 价：RMB 450,000~550,000
成交价：RMB 1,092,500
长36.3cm 中贸圣佳 2017-06-18

124 清 叶义旧藏竹雕高士人物大笔筒
估 价：RMB 850,000~1,200,000
成交价：RMB 1,150,000
高16.7cm 中贸圣佳 2017-06-18

1629 清 金农款竹根雕随形印章
印文：如雷。枕流馆
估 价：RMB 50,000~60,000
成交价：RMB 74,750
高6.5cm 西泠拍卖 2017-07-15

1113 18世纪 紫檀雕九龙纹如意形盖盒
估 价：USD 40,000~60,000
成交价：RMB 860,313
长46.1cm 纽约佳士得 2017-03-17

530 梅邻款竹刻松涧高仕墨床
“丁未清和月，梅邻制”款
估 价：RMB 30,000~50,000
成交价：RMB 184,000
长7cm 荣宝斋（上海） 2017-07-30

64 大正/昭和时代 竹花笼
铭：竹保斋造之
估　价：HKD 30,000~50,000
成交价：RMB 72,625
高59.4cm 佳士得 2017-10-02

## 木 雕

1008 元 花卉纹夜巡牌
估　价：RMB 50,000~80,000
成交价：RMB 97,750
长13cm 中拍国际 2017-06-04

153 20世纪50年代 平安长春·竹编提梁花器
估　价：RMB 20,000~40,000
成交价：RMB 102,000
高45.0cm 佳士得（上海） 2017-09-24

895 明 山水纹沉香杯
“壬子仲秋月江春波制”款
估　价：RMB 600,000~900,000
成交价：RMB 897,000
高9.3cm 观唐皕榷 2017-01-12

118 明 紫檀嵌百宝郭子仪拜寿笔筒
估　价：RMB 900,000~1,300,000
成交价：RMB 1,725,000
高17.5cm 中贸圣佳 2017-06-18

624 明 宫廷风格 木胎髹漆金释迦牟尼
估　价：NTD 6,500,000~8,000,000
成交价：RMB 1,786,200
高55cm 羅芙奧 2017-06-03

53 明 木雕仙人乘槎
估　价：RMB 600,000~900,000
成交价：RMB 690,000
长27.2cm 中贸圣佳 2017-06-18

3509 明末 黄花梨八角盘
估　价：HKD 120,000~180,000
成交价：RMB 1,336,500
直径28.3cm 香港苏富比 2017-04-05

3501 明末 黄花梨茶壶桶
估　价：HKD 80,000~120,000
成交价：RMB 211,613
高22.3cm 香港苏富比 2017-04-05

541 17世纪 木漆金韦陀立像
估　价：USD 30,000~50,000
成交价：RMB 951,363
纽约苏富比 2017-03-14

1424 清早期 木雕提篮观音造像
估　价：RMB 200,000~300,000
成交价：RMB 299,000
高98cm 广东崇正 2017-12-13

39 明晚期 檀香木雕云水观音
估 价：RMB 800,000~1,000,000
成交价：RMB 920,000
高189.5cm 中贸圣佳 2017-06-18

546 明/清 木雕彩塑罗汉坐像
估 价：USD 40,000~60,000
成交价：RMB 1,124,338
纽约苏富比 2017-03-14

205 明晚期 沉香木雕山水笔筒
估 价：RMB 1,100,000~1,300,000
成交价：RMB 1,150,000
高19.8cm 上海明轩 2017-06-30

1925 清初 沉香随形山子
估 价：RMB 150,000~200,000
成交价：RMB 402,500
高19cm 中贸圣佳 2017-06-18

1038 明末清初 木胎漆金释迦牟尼
估 价：RMB 450,000~600,000
成交价：RMB 977,500
高86cm 华艺国际 2017-05-27

1635 清早期 宫尔铎铭黄花梨雕玉兰花诗文笔海
估 价：RMB 450,000~600,000
成交价：RMB 1,035,000
高22.6cm 西泠拍卖 2017-07-15

681 清康熙早期 黄花梨笔洗
估 价：HKD 120,000~220,000
成交价：RMB 293,065
长15.3cm 中国嘉德 2017-05-30

530 清乾隆 紫檀嵌百宝盆景
估 价：RMB 1,060,000~1,300,000
成交价：RMB 1,437,500
高59cm 大羿拍卖 2017-12-04

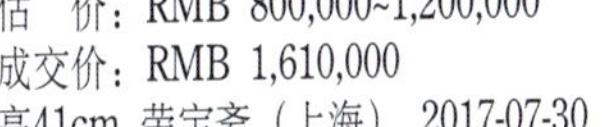

638 清早期 沉香木山水诗文兽耳瓶
估 价：RMB 800,000~1,200,000
成交价：RMB 1,610,000
高41cm 荣宝斋（上海） 2017-07-30

5162 清早期 御制“敕命之宝匮”牌
估 价：RMB 200,000~300,000
成交价：RMB 287,500
长12.7cm 北京保利 2017-06-06

5941 清早期 紫檀百宝嵌竹林七贤大笔筒
估 价：RMB 1,000,000~1,500,000
成交价：RMB 1,725,000
高18cm 北京保利 2017-06-07

944 清早期 沉香雕渔樵耕读山子
估 价：RMB 800,000~1,200,000
成交价：RMB 920,000
高12cm 保利厦门 2017-06-25

1655 清早期 沉香雕山水人物杯
估 价：RMB 180,000~250,000
成交价：RMB 253,000
高10cm 西泠拍卖 2017-07-15

3513 清初 黄花梨竹节纹油灯盒
估 价：HKD 80,000~120,000
成交价：RMB 1,225,125
9.2cm × 11.2cm 香港苏富比 2017-04-05

5045 清早期 奇木根雕佛手
估 价：RMB 30,000~50,000
成交价：RMB 253,000
16cm × 9cm 中国嘉德 2017-06-19

896 清康熙 沉香“一品当朝”铭八仙人物纹如意
估 价：RMB 1,200,000~1,600,000
成交价：RMB 1,610,000
长71cm 观唐皕榷 2017-01-12

58 清乾隆 斫玉黄杨木雕天然形香炉
估 价：RMB 180,000~220,000
成交价：RMB 322,000
高17.5cm 中贸圣佳 2017-06-18

303 清乾隆 沉香扳指
估 价：RMB 60,000~80,000
成交价：RMB 92,000
直径3.2cm 八益拍卖 2017-04-22

3047 清乾隆 御制紫檀圆雕熊
估 价：HKD 700,000~900,000
成交价：RMB 779,625
高33.9cm 香港苏富比 2017-04-04

731 清乾隆 紫檀嵌银丝兽面纹四方出戟尊
估 价：RMB 600,000~800,000
成交价：RMB 920,000
高20cm 北京东正 2017-12-09

1447 清乾隆 紫檀云龙纹花板
估 价：RMB 60,000~80,000
成交价：RMB 172,500
61cm×31cm 北京匡时 2017-03-30

1180 清中期 沉香雕松竹梅图笔筒
估 价：RMB 580,000~680,000
成交价：RMB 920,000
高18.5cm 华艺国际 2017-05-27

884 清乾隆 紫檀嵌百宝花卉纹笔筒
估 价：RMB 800,000~1,600,000
成交价：RMB 1,322,500
高17.4cm 观唐皕榷 2017-01-12

146 清乾隆 松花石御题“那罗延窟”匾
估 价：RMB 500,000~700,000
成交价：RMB 3,680,000
81.5cm×41cm 中贸圣佳 2017-06-18

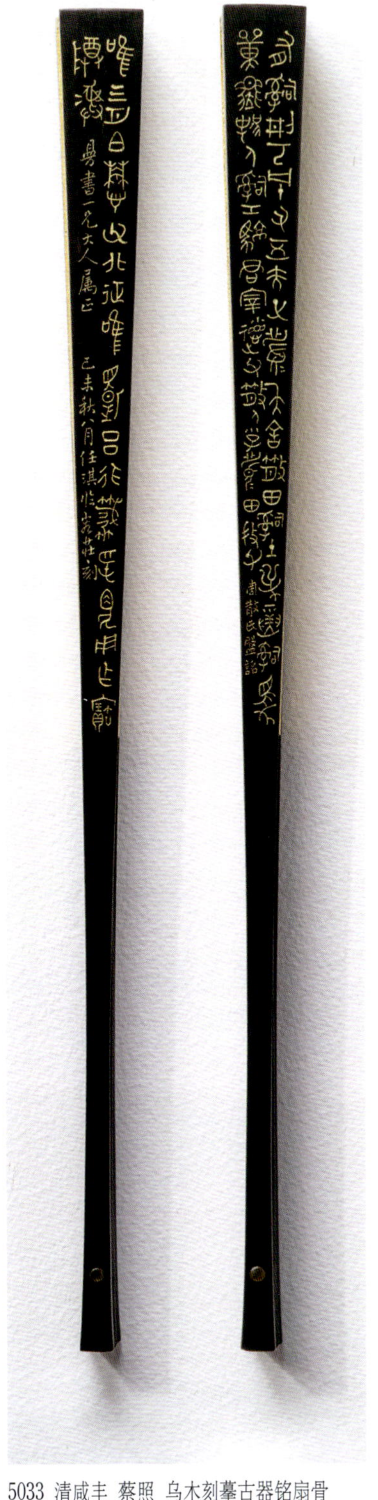

5033 清咸丰 蔡照 乌木刻摹古器铭扇骨
估 价：RMB 100,000~200,000
成交价：RMB 322,000
长32cm 中国嘉德 2017-12-21

3206 清中期 伽楠香朝珠
估　价：RMB 1,800,000~2,000,000
成交价：RMB 2,070,000
长140cm 北京匡时 2017-12-03

741 清 金漆木雕释迦摩尼及阿难迦叶三尊
估　价：RMB 2,200,000~2,500,000
成交价：RMB 2,530,000
尺寸不一 北京东正 2017-12-09

618 清中期 沉香雕螃蟹摆件（一对）
“士元作”款
估　价：RMB 300,000~600,000
成交价：RMB 437,000
观唐皕榷 2017-01-11

1628 清 黄花梨犀牛摆件
估　价：RMB 60,000~90,000
成交价：RMB 264,500
高14cm 中贸圣佳 2017-06-18

1526 清 沉香木搜山图圆雕笔筒
估　价：RMB 1,200,000~2,200,000
成交价：RMB 1,667,500
高29cm 北京保利 2017-12-16

3007 清光绪 杉木刻诗龙槎摆件
“梅根”款
估 价：HKD 2,000,000~3,000,000
成交价：RMB 2,075,000
长31.7cm 香港苏富比 2017-10-03

536 清 紫檀围棋罐（一对）
估 价：RMB 250,000~350,000
成交价：RMB 322,000
高9cm×2 荣宝斋（上海） 2017-07-30

119 清 紫檀错银丝御题诗嵌芙蓉石如意
估 价：RMB 400,000~700,000
成交价：RMB 690,000
长43cm 中贸圣佳 2017-06-18

1209 清 奇楠沉香108子佛珠
估 价：RMB 1,200,000~1,500,000
成交价：RMB 1,380,000
直径1.3cm/粒 北京荣宝 2017-09-24

1314 清 紫檀嵌银丝蕉叶纹香熏
“香谷”款
估 价：RMB 150,000~180,000
成交价：RMB 207,000
13cm×8cm 西泠拍卖 2017-07-15

2970 18世纪 紫檀雕松竹图海棠式盖盒
估 价：HKD 180,000~280,000
成交价：RMB 319,125
宽27cm 佳士得 2017-11-29

654 18世纪 黄花梨六瓣式花口笔筒
来源：1.安思远，纽约；2.玛丽·泰瑞莎·L·维勒泰 珍藏。
估 价：USD 25,000~35,000
成交价：RMB 821,631
高18.1cm 纽约佳士得 2017-03-16

150 清 周芷岩刻、张鹏翀题竹石图黄花梨大笔筒
估　价：RMB 6,500,000~8,500,000
成交价：RMB 9,545,000
高22.5cm 中贸圣佳 2017-06-18

634 清 张熊刻海南黄花梨花鸟图笔筒
“子祥，张熊写”款
估　价：RMB 1,200,000
成交价：RMB 2,070,000
高14.9cm 浙江佳宝 2017-07-23

3118 绿棋楠会纹牌
估　价：RMB 1,200,000~1,300,000
成交价：RMB 1,380,000
6cm × 4cm 北京匡时 2017-12-03

1483 清 周芷岩刻“春云叠嶂图”紫檀笔斗
估　价：RMB 3,000,000~4,000,000
成交价：RMB 4,600,000
直径19.5cm 上海匡时 2017-11-05

3712 18世纪/19世纪 紫檀雕云龙纹经盒
估 价：HKD 400,000~600,000
成交价：RMB 726,250
46cm×33.2cm 香港苏富比 2017-10-03

3117 绿棋楠双龙戏珠
估 价：RMB 850,000~1,200,000
成交价：RMB 977,500
6cm×4cm 北京匡时 2017-12-03

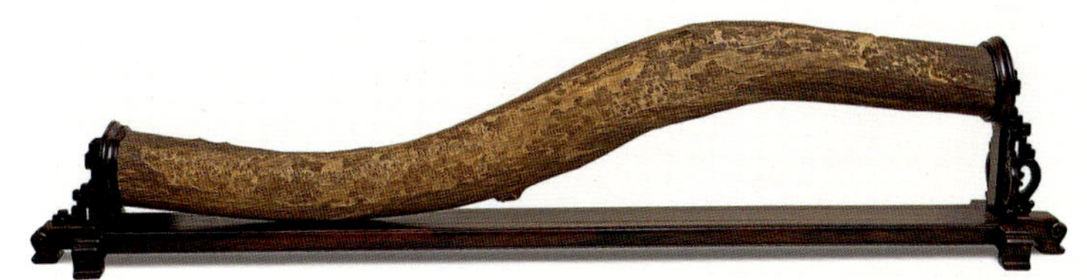

3097 清明上河图
估 价：RMB 2,200,000~3,600,000
成交价：RMB 2,645,000
长120.5cm 北京匡时 2017-12-03

2254 清雍正 紫檀戗金彩绘开光花卉笔筒
估 价：RMB 80,000~120,000
成交价：RMB 1,058,000
高14cm 北京翰海 2017-12-16

5142 清中 “余庆堂”金漆地龙纹暗八仙匾额
估 价：RMB 250,000~350,000
成交价：RMB 1,840,000
262cm×110cm 中国嘉德 2017-12-21

3113 白棋楠慈航普度
估 价：RMB 850,000~1,100,000
成交价：RMB 977,500
长24.5cm 北京匡时 2017-12-03

769 19世纪 沉香念珠一串108颗
估 价：RMB 800,000~1,800,000
成交价：RMB 1,725,000
长144cm 观唐皕榷 2017-01-12

3093 小沙弥
估 价：RMB 580,000~780,000
成交价：RMB 667,000
高11cm 北京匡时 2017-12-03

3114 棋楠塔珠
估　价：RMB 980,000~1,680,000
成交价：RMB 1,127,000
北京匡时 2017-12-03

2248 越南芽庄白棋沉水持莲观音
估　价：RMB 700,000~1,000,000
成交价：RMB 805,000
高10.5cm；重29g 北京东正 2017-06-08

1958 近代 沉香手串（两件）
估　价：RMB 200,000~250,000
成交价：RMB 230,000
朵云轩 2017-06-26

1599 黄宾虹 自用手杖
估　价：RMB 600,000~800,000
成交价：RMB 690,000
长83cm 北京保利 2017-12-16

2228 越南芽庄 瑞兽
估　价：RMB 450,000~550,000
成交价：RMB 517,500
7.6cm×6.4cm；重约246g
北京东正 2017-06-08

## 牙　雕

3006 北齐皇建二年（561年） 象牙雕一佛二菩萨造像
估　价：HKD 500,000~700,000
成交价：RMB 556,875
高17.3cm 香港苏富比 2017-04-04

3711 明 牙雕布袋和尚坐像
估　价：HKD 150,000~200,000
成交价：RMB 155,625
高13.1cm 香港苏富比 2017-10-03

3647 15世纪末 象牙雕道教人物立像
估　价：HKD 800,000~1,200,000
成交价：RMB 3,510,540
高29cm 香港苏富比 2017-04-05

3649 17世纪 象牙雕半蹲胡人像
估　价：HKD 400,000~600,000
成交价：RMB 445,500
高9cm 香港苏富比 2017-04-05

3001 清初 御制牙雕双螭韘式盖盒
估　价：HKD 180,000~280,000
成交价：RMB 290,500
直径4.6cm 香港苏富比 2017-10-03

258 17世纪 象牙雕穿花凤纹笔筒
估　价：GBP 1,000~1,500
成交价：RMB 50,304
高14.2cm 伦敦苏富比 2017-05-10

3648 17世纪 象牙雕贤士坐像
估　价：HKD 800,000~1,200,000
成交价：RMB 891,000
高10cm 香港苏富比 2017-04-05

233 清康熙 象牙山水图牌
估　价：GBP 2,000~4,000
成交价：RMB 83,841
长11.2cm 伦敦佳士得 2017-05-12

251 清晚期 象牙雕渔翁福禄如意立像
估　价：GBP 5,000~7,000
成交价：RMB 313,005
高34cm 伦敦苏富比 2017-05-10

256 清晚期 象牙雕八仙斗花龙纹兽耳活环壶
估　价：GBP 3,000~5,000
成交价：RMB 257,111
高30.6cm 伦敦苏富比 2017-05-10

1606 清 牙雕莲瓣式水盂
成交价：RMB 48,300
直径5cm 朵云轩 2017-09-17

1111 清 象牙象棋（一套）
估　价：HKD 20,000~30,000
成交价：RMB 115,133
直径4.5cm 中国嘉德 2017-05-30

259 18世纪 象牙雕十八罗汉渡海纹臂搁
估　价：GBP 3,000~5,000
成交价：RMB 134,145
长27cm 伦敦苏富比 2017-05-10

260 19世纪 象牙雕云龙戏珠印钮
印文：三代虎符轩
估　价：GBP 3,000~5,000
成交价：RMB 33,536
长7.6cm 伦敦苏富比 2017-05-10

3005 19世纪初 西伯利亚东北楚克奇族毛象牙雕雪镜
估　价：HKD 120,000~180,000
成交价：RMB 289,575
长13.1cm 香港苏富比 2017-04-04

4975 猛犸牙钟馗像
估　价：RMB 1,000~2,000
成交价：RMB 80,500
高40cm 中国嘉德 2017-09-04

5454 猛犸牙茜色多福百财摆件
估　价：RMB 90,000~150,000
成交价：RMB 103,500
长56.5cm 中国嘉德 2017-04-01

5451 猛犸牙茜色四季花卉盒
估　价：RMB 100,000~200,000
成交价：RMB 115,000
高43.5cm（含座） 中国嘉德 2017-04-01

5455 21世纪初 猛犸牙茜色天籁盈春大摆件
估　价：RMB 1,250,000~1,800,000
成交价：RMB 1,495,000
长150cm 中国嘉德 2017-04-01

1232 明 角雕狮子戏球摆件
估　价：RMB 150,000~300,000
成交价：RMB 172,500
长10.5cm 广东崇正 2017-06-15

256 清末 象牙雕八仙斗花龙纹兽耳活环壶
成交价：RMB 257,636
高30.6cm 伦敦苏富比 2017-05-10

5487 猛犸牙大鸟笼
估　价：RMB 46,000~66,000
成交价：RMB 82,800
高49cm 中国嘉德 2017-04-01

## 角　雕

3643 明万历（1582年） 犀角雕螭龙秋葵纹杯
来源：1.法国私人收藏；2.巴黎佳士得，2009年；3.埃斯卡纳齐古董行，伦敦。
估　价：HKD 1,800,000~2,800,000
成交价：RMB 2,869,020
直径19.4cm 香港苏富比 2017-04-05

675 明 角雕瑞兽
估　价：RMB 25,000
成交价：RMB 78,400
4.8cm×3.6cm 浙江佳宝 2017-07-23

3645 明 犀角雕仿古螭龙纹杯
“宣和”仿款
估　价：HKD 200,000~300,000
成交价：RMB 556,875
直径10.5cm 香港苏富比 2017-04-05

3698 17世纪 犀角雕螭龙灵芝纹杯
估　价：HKD 600,000~800,000
成交价：RMB 985,625
直径14.7cm 香港苏富比 2017-10-03

3701 17世纪 犀角雕仿古纹龙把方杯
估　价：HKD 300,000~500,000
成交价：RMB 1,245,000
直径14cm 香港苏富比 2017-10-03

3695 17世纪 犀角雕福寿高升三龙杯
估　价：HKD 400,000~600,000
成交价：RMB 1,660,000
直径16.5cm 香港苏富比 2017-10-03

3646 17世纪/18世纪 犀角雕岁寒三友杯
估　价：HKD 300,000~400,000
成交价：RMB 668,250
总高20cm 香港苏富比 2017-04-05

3704 17世纪 犀角雕荷叶式杯
估　价：HKD 600,000~800,000
成交价：RMB 2,075,000
直径14.7cm 香港苏富比 2017-10-03

3644 17世纪/18世纪 犀角雕枇杷杯
估　价：HKD 400,000~600,000
成交价：RMB 556,875
直径18.6cm 香港苏富比 2017-04-05

3697 17世纪/18世纪 犀角雕葡萄叶式杯
估　价：HKD 600,000~800,000
成交价：RMB 881,875
直径14.6cm 香港苏富比 2017-10-03

680 清乾隆 虬角凤纹斋戒牌
估 价：RMB 40,000
成交价：RMB 112,000
5.8cm×8cm 浙江佳宝 2017-07-23

3054 晚古典期（约公元前550-950年） 玛雅石兽首
估 价：HKD 150,000~200,000
成交价：RMB 200,475
高22.2cm 香港苏富比 2017-04-04

370 战国 虎睛石鸟
估 价：RMB 15,000
成交价：RMB 17,250
长2.3cm 浙江佳宝 2017-07-23

# 石 雕

40 3-5世纪 犍陀罗 片岩佛陀苦行头像
估 价：HKD 1,000,000~1,500,000
成交价：RMB 1,141,250
高36cm 邦瀚斯 2017-10-03

198 犍陀罗 贵霜王朝 灰片岩雕菩萨坐像
估 价：EUR 40,000~60,000
成交价：RMB 1,707,621
高56cm 巴黎苏富比 2017-06-22

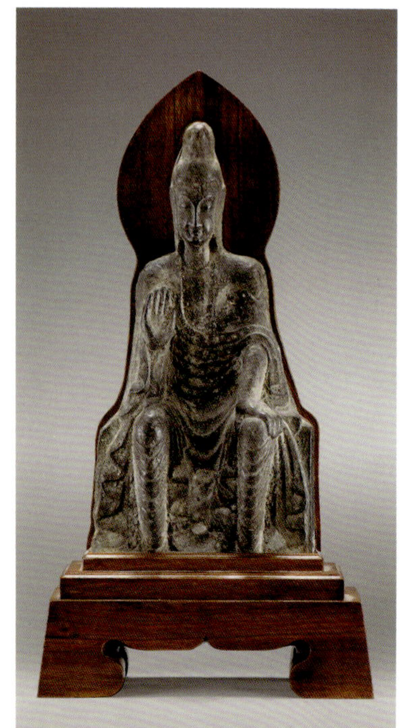

199 北魏 片岩雕龙门式弥勒菩萨坐像
来源：1.Malcolm McPherson先生和夫人收藏，纽约；2.纽约佳士得，2008年。
估　价：EUR 20,000~30,000
成交价：RMB 1,432,568
高34.2cm 巴黎苏富比 2017-06-22

562 北齐 白石狮吼（一对）
估　价：HKD 1,800,000~2,300,000
成交价：RMB 2,610,750
高31cm×2 中濠典藏 2017-05-23

3035 北齐 大理石雕佛头像
估　价：HKD 1,500,000~2,500,000
成交价：RMB 1,670,625
总高44cm 香港苏富比 2017-04-04

1020 隋 石雕菩萨像
估　价：USD 20,000~30,000
成交价：RMB 602,219
高14.6cm 纽约佳士得 2017-03-17

585 唐 青石力士立姿像
估　价：HKD 1,500,000~1,850,000
成交价：RMB 1,931,955
高70cm 中濠典藏 2017-05-23

582 唐 白石狮子（一对）
估 价：HKD 2,800,000~3,500,000
成交价：RMB 3,655,050
高20cm×2 中濠典藏 2017-05-23

1104 唐永淳元年 青石雕弥勒佛坐像
估 价：RMB 450,000~600,000
成交价：RMB 931,500
高35cm 西泠拍卖 2017-07-15

3067 宋-辽 大理石罗汉头像
估 价：HKD 600,000~800,000
成交价：RMB 668,250
高24.8cm 香港苏富比 2017-04-04

1018 唐开元八年（720年） 石雕阿弥陀佛坐像
估 价：USD 60,000~80,000
成交价：RMB 1,032,375
高49cm 纽约佳士得 2017-03-17

1512 宋-明 凌烟岫
估 价：RMB 280,000~320,000
成交价：RMB 322,000
高68cm 北京东正 2017-06-08

1450 13世纪 黄蜡石雕黄财神像
估 价：RMB 60,000~80,000
成交价：RMB 368,000
高3cm 北京东正 2017-06-08

3018 元/明 灵璧供石配汉白玉柱式座
估 价：HKD 1,200,000~1,800,000
成交价：RMB 1,670,625
通高135.5cm 香港苏富比 2017-04-04

1666 明以前 青石梅花形棋桌
估 价：RMB 350,000~550,000
成交价：RMB 506,000
57cm×75cm 上海匡时 2017-11-05

1673 明 宫廷汉白玉石桌
估 价：RMB 550,000~650,000
成交价：RMB 667,000
79cm×84cm 上海匡时 2017-11-05

1675 明以前 青石莲花瓣荷花缸
估 价：RMB 200,000~250,000
成交价：RMB 287,500
直径81cm 上海匡时 2017-11-05

3136 明永乐 释迦牟尼佛坐像石碑
估 价：HKD 8,000,000~12,000,000
成交价：RMB 8,051,000
49cm×34.3cm 香港苏富比 2017-10-03

212 明初 大理石瑞首建筑构件
估　价：EUR 30,000~50,000
成交价：RMB 1,384,816
长96cm 巴黎苏富比 2017-06-22

1044 明 金嵌百宝石质带板（一组16件）
估　价：HKD 80,000~120,000
成交价：RMB 230,265
最大的宽7cm 中国嘉德 2017-05-30

3640 明 白石石兽（一只）
估　价：RMB 3,000,000~5,000,000
成交价：RMB 6,900,000
51cm × 88cm × 135cm 西泠拍卖 2017-07-16

3617 明 白石随形花几
估　价：RMB 280,000~350,000
成交价：RMB 333,500
高77cm 西泠拍卖 2017-07-16

3013 明/清 英石青昙峰配木座
估 价：HKD 900,000~1,200,000
成交价：RMB 3,724,380
石32cm；轴81.8cm×27.3cm
香港苏富比 2017-04-04

6199 清康熙 御制寿山芙蓉、高山狮座麻姑献寿摆件
估 价：RMB 550,000~750,000
成交价：RMB 632,500
高35cm；重7027g 北京保利 2017-12-19

539 清康熙 白芙蓉石雕观音坐像
估 价：RMB 400,000~600,000
成交价：RMB 690,000
高17.2cm 大羿拍卖 2017-12-04

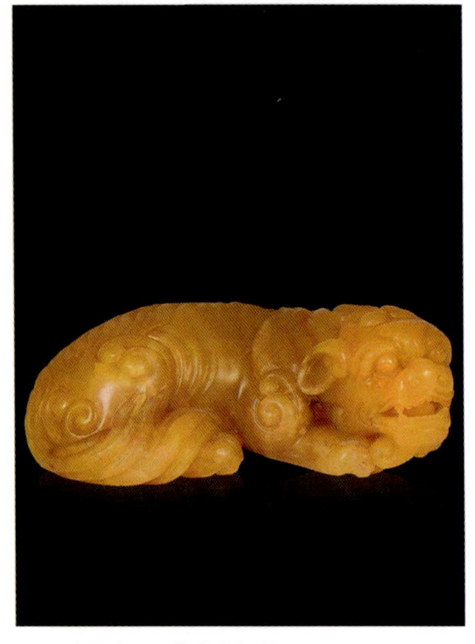

626 清乾隆 田黄瑞兽摆件
“玉璇”款
估 价：HKD 1,200,000~1,500,000
成交价：RMB 1,273,220
长8cm 北京匡时 2017-10-02

1697 清乾隆 和田黄玉雕螭龙觥
估 价：RMB 2,000,000~4,000,000
成交价：RMB 9,200,000
高14cm 北京华辰 2017-12-17

131 清康熙 白端出戟四方花盆
估　价：RMB 350,000~450,000
成交价：RMB 460,000
长21cm 中贸圣佳 2017-06-18

5041 清中期 石薰香炉
估　价：RMB 20,000~30,000
成交价：RMB 69,000
高31cm 中国嘉德 2017-06-19

2189 清 寿山田黄石群螭虎手把件
估　价：RMB 800,000~1,200,000
成交价：RMB 1,495,000
长8.5cm；重140.2g 北京匡时 2017-12-03

328 清 葵口雕花卉青白石盆
估　价：RMB 400,000~500,000
成交价：RMB 517,500
直径47.5cm 北京东正 2017-12-09

3581 清 白石人物纹海棠盆
估　价：RMB 280,000~380,000
成交价：RMB 345,000
79cm×77cm 西泠拍卖 2017-07-16

4485 清 寿山石雕戏猴罗汉像
估　价：RMB 60,000~100,000
成交价：RMB 598,000
高8.5cm 中国嘉德 2017-06-20

3607 清 汉白玉满工八面须弥座（一对）
估　价：RMB 190,000~220,000
成交价：RMB 218,500
高51cm×2 西泠拍卖 2017-07-16

3568 清 青石画案
估　价：RMB 400,000~500,000
成交价：RMB 632,500
长251cm 西泠拍卖 2017-07-16

4486 清 杨玉璇制 寿山石雕持卷罗汉像
“玉璇”款
估　价：RMB 200,000~300,000
成交价：RMB 690,000
高10.8cm 中国嘉德 2017-06-20

322 清 周尚均 将军洞芙蓉石 马鸣菩萨坐像
估 价：RMB 1,200,000~2,000,000
成交价：RMB 5,980,000
10.6cm×8.7cm×6.4cm 福建东南 2017-05-21

3339 林飞 寿山旗降石东坡赏砚摆件
估 价：RMB 500,000~800,000
成交价：RMB 575,000
高11cm 北京匡时 2017-06-04

2173 寿山乌鸦皮田黄石松鼠葫芦摆件
估 价：RMB 4,000,000~5,000,000
成交价：RMB 7,475,000
6cm×9cm×10.8cm；重587.5g
北京匡时 2017-12-03

3577 清 汉白玉鼓墩（一对）
成交价：RMB 184,000
高49cm×2 西泠拍卖 2017-07-16

768 18世纪 青田石雕云楼观月图牌
成交价：RMB 224,868
纽约苏富比 2017-03-14

3631 清 汉白玉棉花图石板
估 价：RMB 450,000~600,000
成交价：RMB 575,000
长135cm 西泠拍卖 2017-07-16

6202 清晚期 端石满刻“斗蟋蟀诗”蟋蟀罐
估 价：RMB 60,000~80,000
成交价：RMB 782,000
直径13.5cm 北京保利 2017-12-19

2132 郭懋介 寿山田黄石“十六应真”薄意摆件
估　价：RMB 5,000,000~7,000,000
成交价：RMB 9,430,000
6cm×9.5cm×11cm；重759.5g 北京匡时 2017-12-03

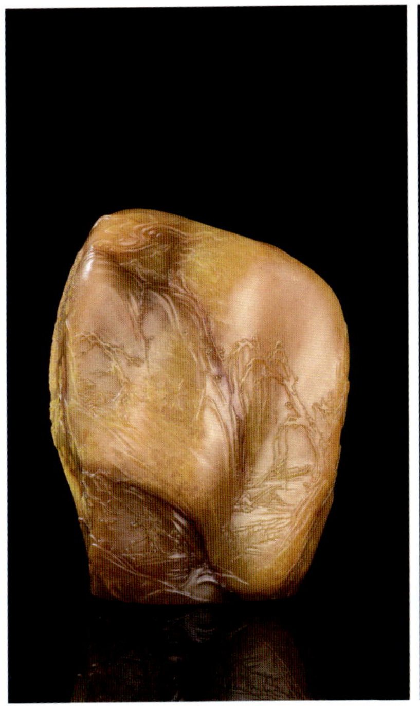
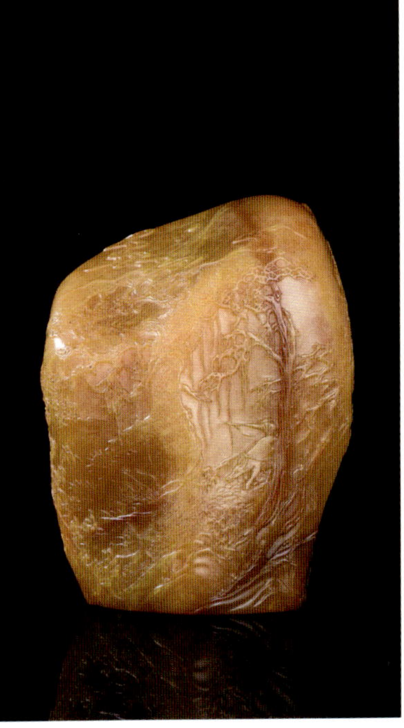

2128 郭懋介 寿山田黄石薄意“渔樵耕读”摆件
估　价：RMB 3,000,000~4,000,000
成交价：RMB 8,050,000
6cm×6.7cm×8.8cm；重498.6g 北京匡时 2017-12-03

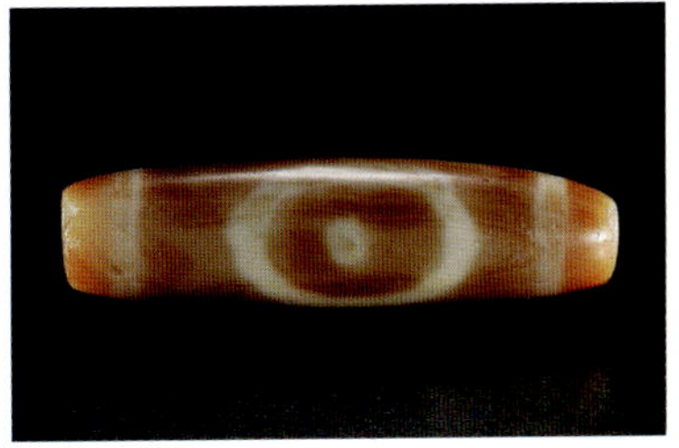

2348 天地眼双星辰天珠
估　价：RMB 600,000~900,000
成交价：RMB 805,000
长4.6cm 北京翰海 2017-06-04

31 陈达 芙蓉晶石 红太阳把玩件
“陈达 与竹石居”款
估　价：RMB 600,000~1,000,000
成交价：RMB 1,840,000
长7.9cm 福建东南 2017-10-28

1327 郭懋介 田黄松溪五老图
估　价：RMB 1,000,000~1,500,000
成交价：RMB 1,897,500
高7.7cm；重73.4g 中贸圣佳 2017-06-19

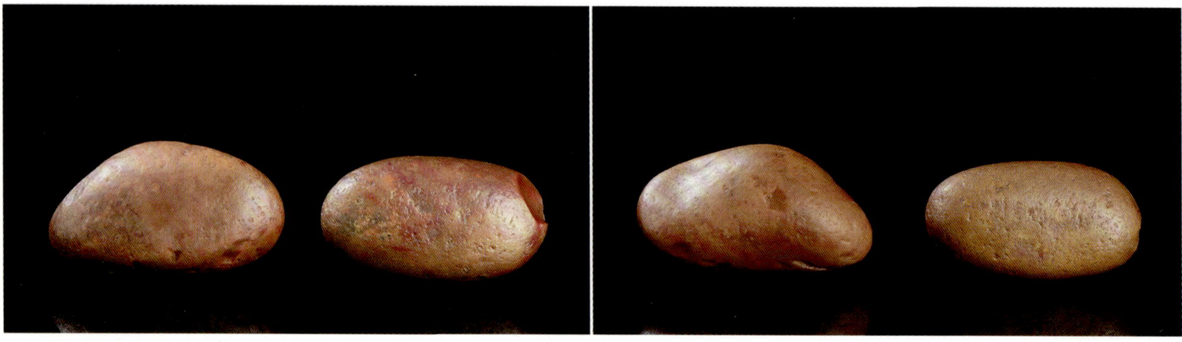

2108 寿山红田石原石（一对）
估　价：RMB 8,000,000~10,000,000
成交价：RMB 14,375,000
6.5cm×6cm×13cm；重630.9g；6.8cm×4.5cm×12cm；重521.4g 北京匡时 2017-12-03

1943 托帕石海底神话雕刻
成交价：RMB 2,127,500
佳士得 2017-11-28

1575 林发述、陈益晶 荔枝洞石酒中仙
估　价：RMB 1,200,000~1,800,000
成交价：RMB 1,782,500
高17.5cm 北京荣宝 2017-09-24

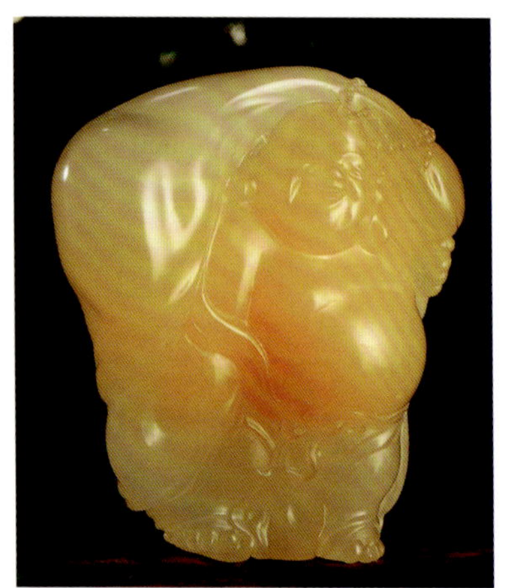

15 林东 荔枝洞石 大肚弥勒摆件
“林东”款
估　价：RMB 700,000~1,000,000
成交价：RMB 1,012,000
高10.3cm 福建东南 2017-10-28

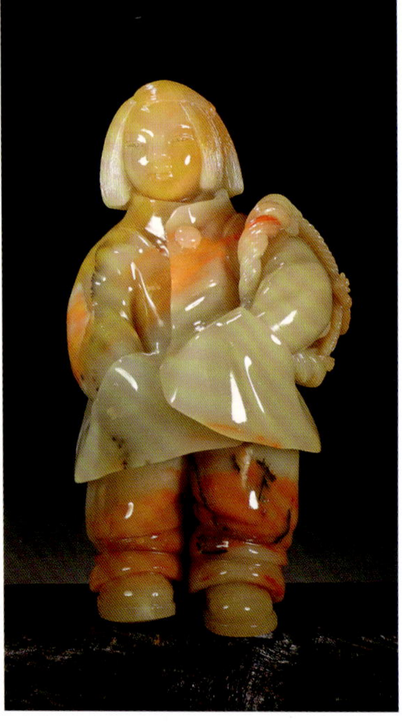

1722 黄丽娟 松坪岭石满载而归
估　价：RMB 1,500,000~2,000,000
成交价：RMB 2,070,000
长16cm 北京荣宝 2017-09-24

1325 王雷霆 田黄摆件
估 价：RMB 1,500,000~2,500,000
成交价：RMB 3,910,000
重138g 中贸圣佳 2017-06-19

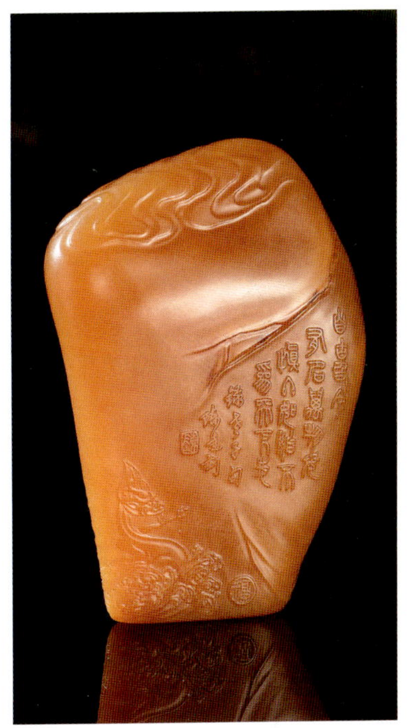

3368 陈达 寿山田黄冻石薄意摆件
估 价：RMB 2,000,000~3,000,000
成交价：RMB 4,140,000
8.3cm×5.6cm×3cm；重183g
北京匡时 2017-06-04

16 王祖光 荔枝洞石 观音摆件
估 价：RMB 1,200,000~1,800,000
成交价：RMB 2,300,000
高19cm 福建东南 2017-10-28

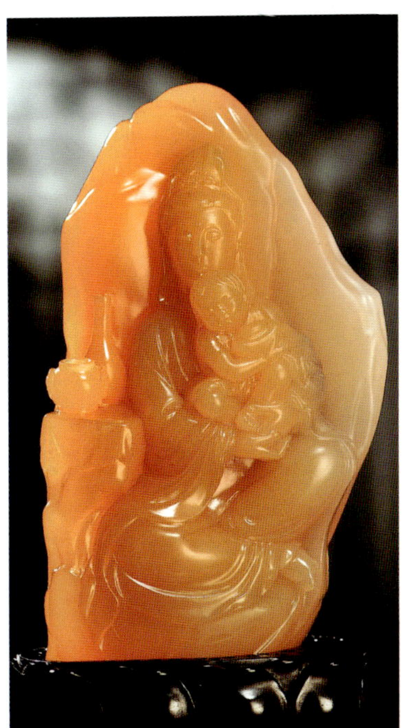

503 王祖光 荔枝洞石 送子观音摆件
估 价：RMB 300,000~600,000
成交价：RMB 1,380,000
12.3cm×7.2cm×5cm 福建东南 2017-05-21

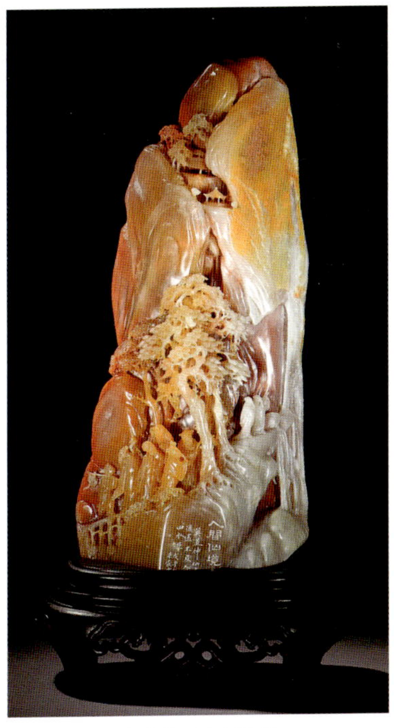

1685 林荣发 都成坑石人间仙境
估 价：RMB 1,000,000~1,500,000
成交价：RMB 1,380,000
高25.5cm 北京荣宝 2017-09-24

1273 林飞 荔枝弥勒
估　价：RMB 500,000~600,000
成交价：RMB 575,000
高6.5cm 中贸圣佳 2017-06-19

3370 石癫 寿山田黄石济公摆件
估　价：RMB 500,000~800,000
成交价：RMB 575,000
高7cm 北京匡时 2017-06-04

1274 庄圣海 千秋硕果善伯石摆件
估　价：RMB 300,000~400,000
成交价：RMB 782,000
长20.5cm 中贸圣佳 2017-06-19

1564 林飞 水洞高山石嫦娥
估　价：RMB 1,200,000~1,800,000
成交价：RMB 1,840,000
高13.2cm 北京荣宝 2017-09-24

1272 王祖光 白荔枝观音
估　价：RMB 1,000,000~1,500,000
成交价：RMB 1,667,500
高23.2cm 中贸圣佳 2017-06-19

515 林文举 田黄石 香山九老图薄意摆件
估　价：RMB 2,000,000~3,500,000
成交价：RMB 2,415,000
高13.3cm 福建东南 2017-05-21

4107 田黄冻石岁寒三友薄意摆件
估　价：RMB 2,800,000~3,500,000
成交价：RMB 3,450,000
高5.6cm 西泠拍卖 2017-07-16

35 郭懋介 田黄石 春江水暖薄意摆件
“石卿”款
估　价：RMB 5,600,000~8,000,000
成交价：RMB 6,440,000
高9.3cm 福建东南 2017-10-28

1632 林文举 荔枝洞石江南春山
估　价：RMB 1,000,000~1,500,000
成交价：RMB 1,713,500
高11.3cm 北京荣宝 2017-09-24

## 其它雕刻

1188 犍陀罗 贵霜王朝4世纪/5世纪 泥塑佛首像
估　价：USD 5,000~7,000
成交价：RMB 56,217
纽约苏富比 2017-03-18

3755 明 骨雕螭龙挂坠
估　价：RMB 200,000~300,000
成交价：RMB 310,500
长7cm 北京荣宝 2017-12-02

1940 清乾隆 兽骨镂空雕花卉纹倭角香盒
估　价：RMB 150,000~200,000
成交价：RMB 172,500
长7.8cm 中贸圣佳 2017-06-18

1706 清乾隆 螺钿鸳鸯盒
“乾隆年制”款
估 价：RMB 30,000~50,000
成交价：RMB 103,500
3.5cm×5.5cm 西泠拍卖 2017-07-15

7189 清 贝雕刀马人物双面工摆件（一对）
估 价：RMB 30,000~50,000
成交价：RMB 46,000
宽25cm×2 北京保利 2017-06-08

7628 李博生 砗磲《得大自在》摆件
估 价：RMB 1,000,000~2,000,000
成交价：RMB 3,450,000
长52cm 北京保利 2017-12-20

1163 清 玳瑁雕归隐图香盒
估 价：RMB 50,000~80,000
成交价：RMB 69,000
直径9.3cm 西泠拍卖 2017-07-15

3770 18世纪 骨质尸陀林主与白描尸陀林主画像
估 价：RMB 220,000~350,000
成交价：RMB 345,000
高37.5cm 西泠拍卖 2017-07-16

7629 田健桥 砗磲《引领》摆件
估 价：RMB 2,000,000~3,000,000
成交价：RMB 3,220,000
长54cm 北京保利 2017-12-20

5491 民国 玳瑁人物纹方鸟笼（一对）
估 价：RMB 95,000~155,000
成交价：RMB 109,250
高38cm×2 中国嘉德 2017-04-01

15 核雕历史人物图珠子共126颗
估 价：HKD 200,000~300,000
成交价：RMB 501,188
长85cm 佳士得 2017-04-04

# 钟 表

3963 清乾隆 铜鎏金嵌宝石太平有象转花葫芦顶音乐钟
估 价：RMB 5,500,000~6,500,000
成交价：RMB 7,130,000
高92cm 北京匡时 2017-06-04

2309 Asprey 黄金镶珍珠母贝及珊瑚、紫水晶及钻石宝塔形石英座钟，年份约1995
成交价：RMB 2,102,760
保利香港 2017-04-04

669 19世纪 法国拿破仑三世洛可可风格铜鎏金配烛台天使座钟
估 价：RMB 2,600,000~3,000,000
成交价：RMB 2,990,000
钟24×24×42cm；烛台20×18×49cm×2
北京银座 2017-06-07

15599 百达翡丽 铜镀金 掐丝珐琅太阳能台钟 全球唯一 约1975年制
估 价：RMB 750,000~1,000,000
成交价：RMB 1,035,000
高度2.2cm 北京保利 2017-06-07

2236 卡地亚 “火鹤与莲花” 黄金镶钻石及宝石机械装置活动座钟，机芯编号81，外壳编号WK900014，年份约1990。
配黄钻、蓝宝石、红宝石、祖母绿、珠母贝、软玉、粉红色硬石、青金石、黑玛瑙及硬石等。
估 价：HKD 2,400,000~4,000,000
成交价：RMB 3,724,380
香港苏富比 2017-04-05

8317 百达翡丽 18K白金 手动上弦星月陀飞轮腕表 型号6002G
超级复杂功能计时系列，全球拍场首现 限量订制款
成交价：RMB 13,455,000
表径44mm 北京保利 2017-12-17

592 伯爵 白金镶方钻机械链带腕表
估　价：RMB 1,800,000~2,600,000
成交价：RMB 1,955,000
保利华谊 2017-12-08

296 万国陀飞轮万年历双秒追针三问铂金壳背透手上链腕表
成交价：RMB 1,380,000
直径43mm 北京银座 2017-12-20

2335 Jacob & Co 玫瑰金太阳系镂空原型机械腕表，备飞行陀飞轮，60秒自转地球及时分显示盘，"Astronomia Solar" 2017年制，附原厂证书及表盒
成交价：RMB 1,892,484
保利香港 2017-04-04

5630 爱彼为江诗丹顿制造 18k金超级复杂猎壳怀表
估　价：RMB 1,800,000~2,200,000
成交价：RMB 2,070,000
直径60mm 北京匡时 2017-12-04

2423 Richard Mille 18k红金酒桶形腕表，配两地时间、陀飞轮及动力储存，Perini Navi Cup，型号RM015，约2009年制
估　价：HKD 1,000,000~1,300,000
成交价：RMB 1,648,813
佳士得 2017-11-27

2198 Philippe Dufour "SIMPLICITY" 白金腕表 约2010年
估 价：HKD 1,200,000~2,000,000
成交价：RMB 1,348,750
直径37mm 香港苏富比 2017-10-02

2372 百达翡丽 5002R型号 "SKY MOON TOURBILLON" 非凡罕有重要粉红金双表盘腕表 2009年 备12项复杂功能：包括大教堂音簧三问、陀飞轮、万年历、恒星时间显示、星体移动苍穹图、月相及月行轨迹
估 价：HKD 8,000,000~10,000,000
成交价：RMB 9,146,600
直径43.5mm 香港苏富比 2017-10-02

2197 积家 "HYBRIS ARTISTICA DUOMETRE SPHEROTOURBILLON ENAMEL" 精致限量版白金两地时间双轴式陀飞轮腕表备日期、飞返秒针、动力储存显示及珐琅表盘，编号2/3，年份约2014
估 价：HKD 900,000~1,400,000
成交价：RMB 1,949,063
直径42.5mm 香港苏富比 2017-04-05

2343 Richard Mille RM56-02型号非常精美重要蓝宝石材质酒桶型镂空陀飞轮腕表 约2015年
成交价：RMB 12,035,000
42mm×50.5mm 香港苏富比 2017-10-02

2387 百达翡丽 铂金双面表盘腕表
估 价：HKD 8,000,000~10,000,000
成交价：RMB 7,823,340
佳士得 2017-05-29

2297 海瑞温斯顿及Felix Baumgartner，独特、大码及铂金镶钻石腕表
估 价：HKD 1,300,000~2,100,000
成交价：RMB 1,108,750
佳士得 2017-05-29

2097 陈世英设计 全球唯一一对缅甸天然翡翠及钻石昆仑品牌腕表
估　价：HKD 1,800,000~2,600,000
成交价：RMB 3,049,002
长20.5cm；长18.0cm 保利香港 2017-04-03

2242 江诗丹顿 "LADY KALLA"女装白金镶钻石炼带腕表，表壳编号572224，年份约2015
估　价：HKD 1,400,000~2,000,000
成交价：RMB 1,837,688
宽19 mm 香港苏富比 2017-04-05

2322 卡地亚 18k白金镶钻石及黑色漆女装自动上弦腕表
估　价：HKD 650,000~1,000,000
成交价：RMB 931,350
佳士得 2017-05-29

2638 昆仑 全球唯一白金镶钻石及绿宝石镂空陀飞轮腕表，"BILLIONAIRE TOURBILLON"，年份约2010，附原厂证书及表盒
估　价：HKD 1,600,000~2,600,000
成交价：RMB 1,567,040
直径4.6cm 保利香港 2017-10-03

2454 朗格 铂金腕表
估 价：HKD 1,650,000~3,200,000
成交价：RMB 2,288,460
佳士得 2017-05-29

2621 理查德·米勒 白金酒桶型镂空追针计时码陀飞轮腕表，备60小时动力储备及扭力显示，“RM008”，年份约2006，附原厂证书及表盒
估 价：HKD 2,400,000~3,500,000
成交价：RMB 2,350,560
50mm×40mm 保利香港 2017-10-03

2545 雅典 限量版铂金三问腕表，备黑玛瑙表盘及活动马戏团，“CIRCUS MINUTE REPEATER”型号749-80，限量生产30枚，约2005年制，附原厂证书及表盒
估 价：HKD 900,000~1,500,000
成交价：RMB 1,077,340
直径41.5mm 保利香港 2017-10-03

2447 劳力士 “Paul Newman Panda”型号6263 不锈钢链带腕表 约1971年制
估 价：HKD 1,500,000~3,000,000
成交价：RMB 3,565,740
佳士得 2017-05-29

2614 罗杰·杜比 限量版玫瑰金圆桌骑士自动上弦腕表，备墨玉表盘，限量生产28枚，年份约2016，附原厂证书及表盒
估 价：HKD 1,700,000~2,500,000
成交价：RMB 2,007,770
直径46mm 保利香港 2017-10-03

2345 芝柏 18k红金腕表
估 价：HKD 700,000~1,000,000
成交价：RMB 831,563
佳士得 2017-05-29

# 铜 器

452 二里头文化 镶嵌绿松石兽面纹铜牌饰
来源：台湾清玩雅集会员收藏。
估 价：HKD 5,000,000~6,000,000
成交价：RMB 6,265,800
15.3cm × 10cm 中濠典藏 2017-05-23

708 商晚期 青铜共父乙鼎
铭文：共父乙
来源：奥地利著名收藏家、建筑师 Julius Eberhardt旧藏。
估 价：HKD 6,000,000~8,000,000
成交价：RMB 6,268,160
高26.7cm 北京匡时 2017-10-02

3203 商 青铜龙纹方鼎
铭文：户
估 价：HKD 3,500,000~5,000,000
成交价：RMB 6,308,280
高22.5cm 保利香港 2017-04-04

1015 商晚期/西周早期 青铜直棱纹簋
估 价：USD 100,000~150,000
成交价：RMB 1,380,341
宽27.6cm 纽约佳士得 2017-03-17

222 商 聿觯
备注：日本私人收藏，多种出版物有著录。
估 价：RMB 2,500,000~2,900,000
成交价：RMB 3,565,000
高18.2cm 上海明轩 2017-06-30

106 商代晚期 北单父乙簋
估 价：HKD 3,000,000~4,000,000
成交价：RMB 3,763,220
宽34.2cm 香港翰海 2017-10-05

103 商代晚期 饕餮纹尊
估 价：HKD 3,500,000~4,500,000
成交价：RMB 3,469,400
口径29cm 香港翰海 2017-10-05

523 商晚期 安阳 青铜饕餮纹方尊
来源：大阪藤田美术馆珍藏，入藏于1940年前。
估 价：USD 6,000,000~8,000,000
成交价：RMB 257,438,693
高52.4cm 纽约佳士得 2017-03-15

451 商代 浮雕夔纹出戟觚
估 价：HKD 900,000~1,200,000
成交价：RMB 1,253,160
高34cm 中濠典藏 2017-05-23

223 商晚期 丙爵
铭文：丙
估　价：RMB 450,000~600,000
成交价：RMB 690,000
高18.5cm 上海明轩 2017-06-30

871 商晚期 青铜龙纹觥
估　价：RMB 1,800,000~2,800,000
成交价：RMB 5,865,000
高20cm 西泠拍卖 2017-07-15

597 商末 青铜㱿觚
来源：1.伦敦苏富比，1975年；2.平野古陶轩，1976年。出版：林巳奈夫，《殷周时代青铜器の研究—殷周青铜器総覧—》，东京，1984年。
成交价：RMB 1,210,825
纽约苏富比 2017-03-14

1011 商晚期 母嫜日辛角
估　价：USD 80,000~120,000
成交价：RMB 1,118,406
高16.7cm 纽约佳士得 2017-03-17

526 商晚期 青铜羊觥
来源：大阪藤田美术馆珍藏，入藏于1940年前。
估　价：USD 6,000,000~8,000,000
成交价：RMB 187,695,173
长22cm 纽约佳士得 2017-03-15

3207 商 青铜兽面纹方彝
铭文：羊
估 价：HKD 3,000,000~5,000,000
成交价：RMB 1,960,200
高20.3cm 保利香港 2017-04-04

449 商代 鸮卣
估 价：HKD 10,000,000~14,000,000
成交价：RMB 14,620,200
高18cm 中濠典藏 2017-05-23

595商晚期/西周初 青铜饕餮纹戣
估 价：USD 5,000~7,000
成交价：RMB 164,326
纽约苏富比 2017-03-14

808 商晚期 青铜牛首形仗首
估 价：USD 4,000~6,000
成交价：RMB 242,165
高11cm 纽约佳士得 2017-03-16

3133 商 青铜斝
来源：1.J.J.Lally旧藏，2001年以前；
2.Daniel Shapiro旧藏，2001年–2014年。
估 价：HKD 7,000,000~10,000,000
成交价：RMB 13,711,600
高42.4cm；直径20.4cm 保利香港 2017-10-02

524 商晚期 安阳 青铜饕餮纹方罍
来源：大阪藤田美术馆珍藏，入藏于1940年前。
估　价：USD 5,000,000~8,000,000
成交价：RMB 234,190,853
高63.5cm 纽约佳士得 2017-03-15

823 公元前6-5世纪 青铜鸟形銮铃（一对）
成交价：RMB 25,946
高9cm×2 纽约佳士得 2017-03-16

5112 西周早期 公元前11世纪 青铜卣
备注：多种专业书刊有著。
成交价：RMB 23,000,000
高至盖顶27.4cm；重不含提梁3.80公斤
北京保利 2017-06-06

705 商晚期 青铜兽面纹方罍
估　价：HKD 6,000,000~8,000,000
成交价：RMB 5,876,400
高45cm 北京匡时 2017-10-02

隹（唯）五年三月既死霸庚寅，王初各（格）伐厰（玁）允（狁）于䨲盧。兮甲從王，折首執（訊），休，亡敃（愍）。王易（賜）兮甲馬四匹、駒車，王令甲政（征）𤔲（治）成周四方責（積），至於南淮尸（夷）。淮尸（夷）舊我帛（帛）畮（賄）人，毋（毋）敢不出其帛（帛）、其責（積）、其進人，其賈（賈）毋（毋）敢不即餗（次）即寺（市）。敢不用令（命），則（則）即井（刑）撲伐。其隹（唯）我者（諸）侯、百生（姓）厥賈（賈），毋（毋）不即寺（市），毋敢或入蠻（闌）妄（宄）賈（賈），則（則）亦井（刑）。兮白（伯）吉父乍（作）般（盤），其眉（壽）萬年無疆，子子孫孫永寶用。

868 西周宣王5年（公元前823年） 青铜兮甲盘
备注：唯一存世南宋宫廷旧藏。出版著录：计百种。
成交价：RMB 212,750,000
高11.7cm；耳距直径47cm 西泠拍卖 2017-07-15

3050 托勒密晚期-罗马初期（约公元前1世纪） 埃及木乃伊面具
估 价：HKD 300,000~500,000
成交价：RMB 1,002,375
高44.5cm 香港苏富比 2017-04-04

1079 西周 青铜兽面纹三足鼎
铭文：“中妇将鼎”
估 价：RMB 2,800,000~3,000,000
成交价：RMB 4,082,500
高23cm 上海匡时 2017-11-05

525 商晚期 安阳 青铜饕餮纹瓿
来源：大阪藤田美术馆珍藏，入藏于1940年前。
估 价：USD 4,000,000~6,000,000
成交价：RMB 187,695,173
高57.2cm 纽约佳士得 2017-03-15

842 公元前3-2世纪 青铜虎噬禽纹带扣（一组）
估 价：USD 4,000~6,000
成交价：RMB 190,273
宽12.1cm 纽约佳士得 2017-03-16

807 西周 青铜龙首配件
估 价：USD 2,000~3,000
成交价：RMB 242,165
高5.1cm 纽约佳士得 2017-03-16

445 西周中期 闭簋（一对）
估 价：HKD 3,200,000~4,000,000
成交价：RMB 4,177,200
直径23.3cm×2 中濠典藏 2017-05-23

857 公元前3-2世纪 鎏金铜熊狼捕猎纹饰牌
估 价：USD 10,000~15,000
成交价：RMB 207,570
长12cm 纽约佳士得 2017-03-16

818 公元前6世纪 青铜兽面
估 价：USD 150,000~250,000
成交价：RMB 778,388
宽21cm 纽约佳士得 2017-03-16

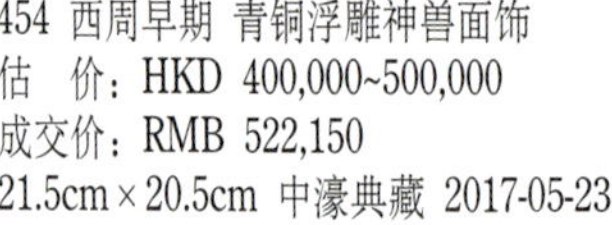

454 西周早期 青铜浮雕神兽面饰
估 价：HKD 400,000~500,000
成交价：RMB 522,150
21.5cm×20.5cm 中濠典藏 2017-05-23

709 西周 兽面纹方鼎
估 价：HKD 7,000,000~8,000,000
成交价：RMB 7,345,500
高24.5cm 北京匡时 2017-10-02

105 西周早期 饕餮纹方座簋
估 价：HKD 6,000,000~7,000,000
成交价：RMB 5,428,200
高23.5cm 香港翰海 2017-10-05

528 西周晚期 仲姜鬲
来源：吴式芬旧藏；2.大阪藤田美术馆珍藏。
估 价：USD 40,000~60,000
成交价：RMB 2,957,873
直径19cm 纽约佳士得 2017-03-15

135 春秋时期 蟠虺纹鉴
估 价：HKD 350,000~450,000
成交价：RMB 326,688
长19.4cm 香港翰海 2017-10-05

446 西周晚期 召皇父盨（一对）
估 价：HKD 1,200,000~1,500,000
成交价：RMB 1,775,310
高24cm×2 中濠典藏 2017-05-23

3206 西周早期 青铜龙纹提梁卣
估 价：HKD 5,800,000~6,800,000
成交价：RMB 5,782,590
高34.9cm 保利香港 2017-04-04

1017 西周晚期/春秋早期 青铜凤鸟盉
估　价：USD 300,000~500,000
成交价：RMB 2,542,733
盒长15.2cm 纽约佳士得 2017-03-17

107 春秋中期 蟠虺纹方壶
估　价：HKD 2,800,000~3,500,000
成交价：RMB 2,587,940
高62.3cm 香港翰海 2017-10-05

109 西周中期 寿𦉢尊
来源 ：香港重要私人藏家。
估　价：HKD 9,500,000~12,000,000
成交价：RMB 32,079,500
高19.3cm 香港翰海 2017-10-05

473 春秋 镂空蟠螭纹铜镜
估　价：HKD 200,000~300,000
成交价：RMB 313,290
直径8.8cm 中濠典藏 2017-05-23

179 东周 青铜蟠虺纹陈侯壶
来源：1.卢芹斋购于1924年；2.日本私人藏家家族递藏。
估 价：RMB 6,000,000~9,000,000
成交价：RMB 8,050,000
高47cm 保利华谊 2017-12-08

108 战国中期 铜马
来源 ：台湾重要私人藏家收藏。
估 价：HKD 4,000,000~5,000,000
成交价：RMB 3,763,220
26cm×23cm 香港翰海 2017-10-05

435 春秋晚期 蟠螭纹青铜敦（一对）
估 价：HKD 680,000~800,000
成交价：RMB 835,440
高22cm×2 中濠典藏 2017-05-23

1648 战国 周庆基藏青铜左周弩刀
铭文：左周
成交价：RMB 322,000
长9.6cm 西泠拍卖 2017-07-15

955 战国 金当卢（4件）
估 价：HKD 20,000~30,000
成交价：RMB 188,399
最大的宽6cm 中国嘉德 2017-05-30

942 战国 错金银车辕
估 价：HKD 100,000~150,000
成交价：RMB 104,666
高6.5cm 中国嘉德 2017-05-30

484 战国 鎏金嵌玉铜带钩
估 价：HKD 160,000~200,000
成交价：RMB 208,860
长17cm 中濠典藏 2017-05-23

101 春秋晚期 鸟柱方形兽座
估 价：HKD 1,500,000~2,500,000
成交价：RMB 1,608,540
高32cm 香港翰海 2017-10-05

125 战国早期 嵌红铜龙纹豆
估 价：HKD 450,000~550,000
成交价：RMB 428,778
高28cm 香港翰海 2017-10-05

605 战国早期 蟠龙纹带盖提梁鸟足怪人盉
估 价：HKD 3,000,000~5,000,000
成交价：RMB 5,087,900
高24cm 中国嘉德 2017-10-02

861 汉 鎏金铜铺首衔环
估 价：USD 6,000~8,000
成交价：RMB 164,326
高15.2cm 纽约佳士得 2017-03-16

1009 战国 青铜错银异兽纹器座
估 价：USD 150,000~250,000
成交价：RMB 1,868,599
10.5cm×7.9cm 纽约佳士得 2017-03-17

127 汉 铜猪
估 价：HKD 300,000~450,000
成交价：RMB 1,020,900
长18cm 香港翰海 2017-10-05

470 汉 浮雕星云纹铜镜
估 价：HKD 200,000~300,000
成交价：RMB 313,290
直径15.6cm 中濠典藏 2017-05-23

467 汉 七乳瑞兽纹铜镜
估 价：HKD 160,000~220,000
成交价：RMB 229,746
直径19.2cm 中濠典藏 2017-05-23

468 汉 “宜酒食”铭蟠龙瑞兽纹铜镜
估 价：HKD 800,000~1,000,000
成交价：RMB 1,044,300
直径18.8cm 中濠典藏 2017-05-23

166 唐 局部鎏金铜花卉纹海棠式匜
估 价：GBP 60,000~80,000
成交价：RMB 1,031,581
宽22.6cm 伦敦佳士得 2017-11-07

82 唐 海兽葡萄纹铜镜
估 价：HKD 700,000~900,000
成交价：RMB 3,261,060
直径26.8cm 佳士得 2017-04-04

462 唐 天马菱花铜镜
估 价：HKD 150,000~230,000
成交价：RMB 261,075
直径19.5cm 中濠典藏 2017-05-23

876 唐 鎏金铜缠枝花卉纹杯（两件）
估 价：USD 4,000~6,000
成交价：RMB 518,925
高5.7cm 纽约佳士得 2017-03-16

460 唐 浮雕狩猎纹铜镜
估　价：HKD 160,000~250,000
成交价：RMB 292,404
直径12.3cm 中濠典藏 2017-05-23

3679 元 铜準提镜
估　价：RMB 120,000~150,000
成交价：RMB 138,000
高28cm 西泠拍卖 2017-07-16

644 明或更早 铜错金银瑞兽纹弩机
估　价：RMB 130,000~230,000
成交价：RMB 149,500
长18.5cm 保利厦门 2017-06-26

219 宋 仿周式铜牺尊
估　价：RMB 880,000~1,000,000
成交价：RMB 1,207,500
高24.6cm 上海明轩 2017-06-30

2 14世纪晚期 黄铜军持
估　价：HKD 350,000~450,000
成交价：RMB 363,125
高15.2cm　邦瀚斯 2017-10-03

474 辽金 浮雕双龙铜镜
估　价：HKD 50,000~70,000
成交价：RMB 73,101
直径23.3cm 中濠典藏 2017-05-23

37 明宣德 铜钹
“大明宣德年制”款
估　价：RMB 180,000~250,000
成交价：RMB 230,000
直径8cm 北京宣石 2017-05-21

7302 洪武单龙镜
估　价：RMB 35,000~50,000
成交价：RMB 40,250
直径11.5cm 北京保利 2017-06-05

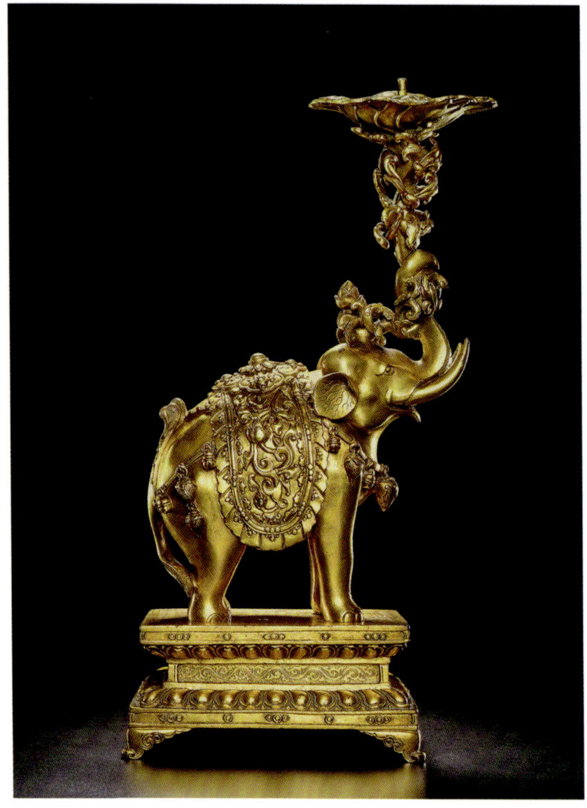

1542 元 宫廷风格 铜鎏金象灯
估　价：RMB 3,500,000~5,000,000
成交价：RMB 5,175,000
高33.5cm 北京东正 2017-06-08

735 明早期 错金银仿古双羊尊
估　价：RMB 1,200,000~1,500,000
成交价：RMB 2,070,000
高30cm 北京东正 2017-12-09

5015 明 “大明宣德年制” 天鸡耳法盏炉
“大明宣德年制”款
估　价：RMB 600,000~1,000,000
成交价：RMB 1,012,000
高8.2cm；重1968g 中国嘉德 2017-12-21

5022 明正德 正德回文铜石榴瓶
估　价：RMB 800,000~1,500,000
成交价：RMB 1,092,500
高16.8cm；重873g 中国嘉德 2017-12-21

5163 明正德 阿拉伯文冲耳炉
“大明正德年制”款
估　价：RMB 1,800,000~2,600,000
成交价：RMB 2,760,000
直径15.2cm；重2395g 北京保利 2017-12-18

192 明正德1512年 铜交龙钮编钟
“大明正德六年月日造”铸款
估　价：GBP 120,000~180,000
成交价：RMB 2,369,379
高92.8cm 伦敦佳士得 2017-11-07

312 明正德 铜阿拉伯文炉瓶盒三事
成交价：RMB 43,700,000
炉高8.5cm；瓶高20cm；盒直径12cm 大羿拍卖 2017-12-04

514 明 铜“胡文明制”饕餮纹花觚
“胡文明制”款
估　价：RMB 480,000~600,000
成交价：RMB 575,000
高22cm 大羿拍卖 2017-12-04

5047 明万历 “鄂韡堂藏”蚰龙耳炉
“鄂韡堂藏”款
估　价：RMB 800,000~1,200,000
成交价：RMB 1,012,000
直径11.7cm；重1845g 中国嘉德 2017-12-21

138 明 崇祯辛巳王伯子款蚰耳炉
估　价：RMB 950,000~1,250,000
成交价：RMB 2,530,000
直径11.5cm；重1439.5g 中贸圣佳 2017-06-18

3957 明正德 铜阿拉伯文炉瓶盒三事
“正德年制”篆书款
来源：北京牛街刘氏回民家族旧藏。
估　价：RMB 5,600,000~6,600,000
成交价：RMB 6,440,000
瓶高17cm；炉直径15cm；盒直径10.5cm；瓶1200g；炉3200g；盒1120g
北京匡时 2017-06-04

734 明 错金银双身蟠螭纹双龙耳壶
估　价：RMB 500,000~600,000
成交价：RMB 713,000
高24cm 北京东正 2017-12-09

5067 明 “李曲江制”鬲炉
著录：1.王世襄著，《自珍集：俪松居长物志》，生活·读书·新知三联书店，2003年，页34；2.陈维骏主编，《异云：明清宣德炉集珍》，佳作书局出版社，2016年。
估　价：RMB 5,000,000~8,000,000
成交价：RMB 9,430,000
直径13.5cm；重1869g 中国嘉德 2017-12-21

5036 明 “启怀堂家藏”马槽炉
“启怀堂家藏”款
估 价：RMB 1,000,000~2,000,000
成交价：RMB 1,380,000
直径10.6cm；重1610g 中国嘉德 2017-12-21

1514 明 “敬信斋制”蚰耳炉
“敬信斋制”款
估 价：RMB 900,000~1,000,000
成交价：RMB 1,035,000
直径11.4cm 北京东正 2017-06-08

149 明 铜铸关公座像
估 价：RMB 3,000,000~3,800,000
成交价：RMB 3,450,000
高99cm 中贸圣佳 2017-06-18

1515 明 鬲炉
“施家古制”款
估 价：RMB 900,000~1,000,000
成交价：RMB 2,990,000
直径12.3cm 北京东正 2017-06-08

4833 明 “适菴”马槽炉
出版：刘锡荣著，《钟鼎茗香——荣斋宣炉清赏（二）》，文物出版社，2011年。
估 价：RMB 1,000,000~1,800,000
成交价：RMB 1,092,500
直径13.5cm；重1427g 中国嘉德 2017-06-19

1516 明 铜洒金双毫狮耳炉
“大明宣德伍年工部督造”款
著录：张明、何朝阳编，《明清宣德炉》，紫禁城出版社，2011。
估 价：RMB 3,500,000~3,800,000
成交价：RMB 5,750,000
直径23cm；高10.5cm 北京东正 2017-06-08

1768 明 老子头像
估 价：RMB 280,000~350,000
成交价：RMB 368,000
高36cm 北京翰海 2017-06-03

5167 明末清初 铜雕灵芝嵌银丝云龙纹双耳大瓶
“宣德三年石叟制造”款
估 价：RMB 1,500,000~2,500,000
成交价：RMB 2,300,000
高85cm 北京保利 2017-12-18

565 16世纪/17世纪 铜错金银牺尊
估 价：USD 20,000~30,000
成交价：RMB 3,407,608
纽约苏富比 2017-03-14

139 清初 宣德款兽耳含环钵式炉
估 价：RMB 1,800,000~2,300,000
成交价：RMB 5,175,000
直径10cm；炉重2067.5g 中贸圣佳 2017-06-18

560 16世纪/17世纪 铜阿拉伯文炉瓶盒三事连香铲及香箸 一套
“正德年制”款
来源：伦敦苏富比，1973年。
估 价：USD 40,000~60,000
成交价：RMB 3,739,720
纽约苏富比 2017-03-14

1186 清早期 铜钵式炉（带原装座）
“申中敬制”款
估 价：RMB 1,000,000~1,500,000
成交价：RMB 1,150,000
高17cm 华艺国际 2017-11-25

1478 清早期 枣皮红三足簋式戟耳深腹铜炉
“宣德年制”款
估 价：RMB 650,000~850,000
成交价：RMB 1,092,500
高16cm 上海匡时 2017-11-05

3203 清康熙 筒式炉
“康熙癸丑夏月望子家藏”款
估 价：RMB 600,000~800,000
成交价：RMB 2,530,000
高8cm；重1794.2g 北京匡时 2017-12-03

5988 清康熙/雍正 戟耳深腹三足炉
“清风对饮”篆书款
估 价：RMB 1,200,000~1,800,000
成交价：RMB 2,875,000
高9.5cm；重1108g 北京保利 2017-06-07

140 清康熙 鎏金交龙钮五十四年制应钟
估 价：RMB 3,800,000~4,500,000
成交价：RMB 4,370,000
高32cm 中贸圣佳 2017-06-18

517 清乾隆 铜错金银嵌绿松石孔雀纹盖盒
“乾隆仿古”款
估 价：RMB 200,000~300,000
成交价：RMB 552,000
高8.5cm 大羿拍卖 2017-12-04

5198 清乾隆 铜鎏金龙纹龙勾（一对）
估 价：RMB 1,200,000~2,200,000
成交价：RMB 1,380,000
长53.5cm×2 北京保利 2017-12-18

732 清乾隆 饕餮纹四方铜镜
估 价：RMB 500,000~800,000
成交价：RMB 897,000
高10cm 北京东正 2017-12-09

3724 清康熙五十四年 鎏金铜交龙钮八卦纹“仲吕”编钟
估 价：HKD 600,000~800,000
成交价：RMB 2,274,200
香港苏富比 2017-10-03

733 清乾隆 铜错金银兽面纹出戟方彝
估 价：RMB 1,500,000~2,000,000
成交价：RMB 2,185,000
高14cm 北京东正 2017-12-09

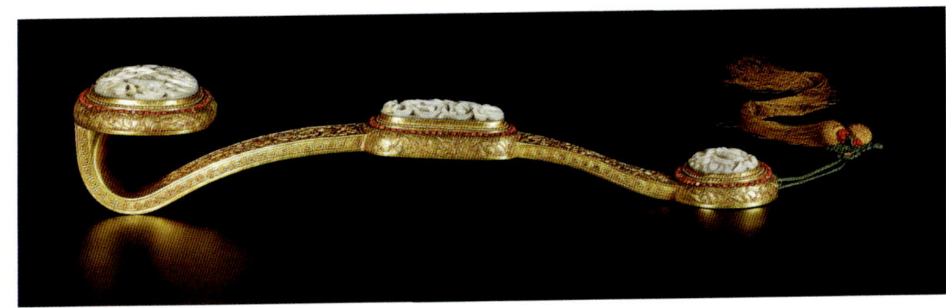

536 清乾隆 铜鎏金三镶玉如意
估 价：RMB 300,000~500,000
成交价：RMB 460,000
长58cm 观唐皕榷 2017-01-11

893 清乾隆 银鎏金海水龙纹扁壶
估 价：RMB 500,000~600,000
成交价：RMB 862,500
高40.3cm 北京诚轩 2017-06-20

1619 清乾隆 铜双凤摆件
估 价：RMB 680,000~800,000
成交价：RMB 1,380,000
高55cm 中贸圣佳 2017-06-18

5135 清乾隆 御制“香盘词”铜香盘
“惟精惟一”“乾隆辰翰”篆款
估 价：RMB 500,000~700,000
成交价：RMB 575,000
长12.8cm 北京保利 2017-06-06

3116 清乾隆 铜鎏金嵌百宝瑞兽
来源：.1佳士得香港，2000年；2.佳士得香港，2005年。
估　价：HKD 10,000,000~15,000,000
成交价：RMB 11,565,180
高26cm；重3467g 保利香港 2017-04-04

3630 清乾隆 御制鎏金铜錾锦地开光缠莲福寿有余折沿熏炉
估　价：HKD 800,000~1,200,000
成交价：RMB 1,452,500
香港苏富比 2017-10-03

3 清乾隆或较早 铜鎏金仿汝窑水仙盆(猫食盆)式炉
‘大明宣德年制’楷书款
估　价：HKD 800,000~1,200,000
成交价：RMB 861,872
高22.6cm 香港中汉 2017-10-03

5981 清乾隆 钵式炉
“巴格仿宣”楷书款
估　价：RMB 1,800,000~2,200,000
成交价：RMB 3,105,000
高8cm；重705g 北京保利 2017-06-07

538 清乾隆 铜仿古夔龙纹朝冠耳三足大香炉
“大清乾隆年造”款
估　价：USD 300,000~500,000
成交价：RMB 2,577,328
纽约苏富比 2017-03-14

49 清乾隆 铜龙纹象耳炉
“玉堂清玩”阳文篆书款
估　价：RMB 2,200,000~2,600,000
成交价：RMB 3,450,000
高21cm 北京宣石 2017-05-21

739 清乾隆 铜麒麟香熏（一对）
“乾隆年制”款
估　价：RMB 1,200,000~1,500,000
成交价：RMB 1,610,000
高31.5cm×2 北京银座 2017-06-07

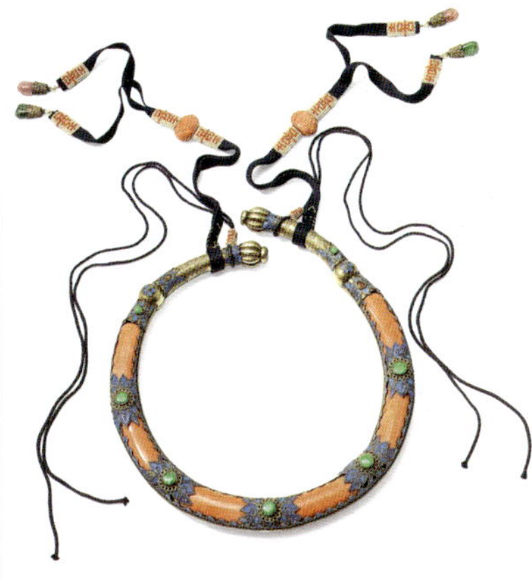

57 清 鎏金铜嵌珊瑚珍珠领约
估　价：GBP 3,000~5,000
成交价：RMB 814,406
直径17.3cm 伦敦佳士得 2017-11-07

3961 清乾隆 铜鎏金交龙钮“夷则”编钟
“乾隆八年制”楷书款
估　价：RMB 1,500,000~1,800,000
成交价：RMB 2,127,500
高21cm 北京匡时 2017-06-04

1125 清 铜鎏金地球仪
估　价：RMB 1,600,000~1,800,000
成交价：RMB 1,840,000
高84cm 上海匡时 2017-11-05

1020 清 十八臂准提观音菩萨铜镜（3件）
估　价：RMB 30,000~50,000
成交价：RMB 517,500
直径9.5cm；直径9.8cm；直径9.5cm；1916g 古天一 2017-06-07

6012 清 铜质双龙戏珠蜡烛台（一对）
估　价：RMB 350,000~700,000
成交价：RMB 402,500
高41cm×2 中国嘉德 2017-06-20

572 民国 铜鸟笼钩（3件）
其一："徐华卿"款
估　价：HKD 20,000~30,000
成交价：RMB 306,116
香港苏富比 2017-06-01

2380 18世纪 海棠天鸡耳炉
"大明宣德年制、玄字拾陆号、宫式内用"款
估　价：RMB 600,000~800,000
成交价：RMB 1,012,000
高14.3cm；重3620g 北京匡时 2017-12-03

2386 18世纪 桥耳炉
"宣德年制"
估　价：RMB 1,000,000~1,500,000
成交价：RMB 2,070,000
高20.5（连座）；重6760g（连座） 北京匡时 2017-12-03

2387 18世纪 兽耳三足大熏炉
"宣德年制"款
估　价：RMB 2,000,000~2,500,000
成交价：RMB 2,300,000
高38.5cm；重19660g 北京匡时 2017-12-03

847 1世纪/2世纪 鎏金铜兽形饰件
估　价：USD 15,000~25,000
成交价：RMB 821,631
长10.5cm 纽约佳士得 2017-03-16

1160 20世纪 铜关公连关平周仓像
估 价：USD 8,000~12,000
成交价：RMB 1,037,850
纽约苏富比 2017-03-18

5165 清雍正 盏式炉
“大清雍正年制”款
估 价：RMB 1,500,000~2,000,000
成交价：RMB 2,990,000
直径12.5cm；重1315g 北京保利 2017-12-18

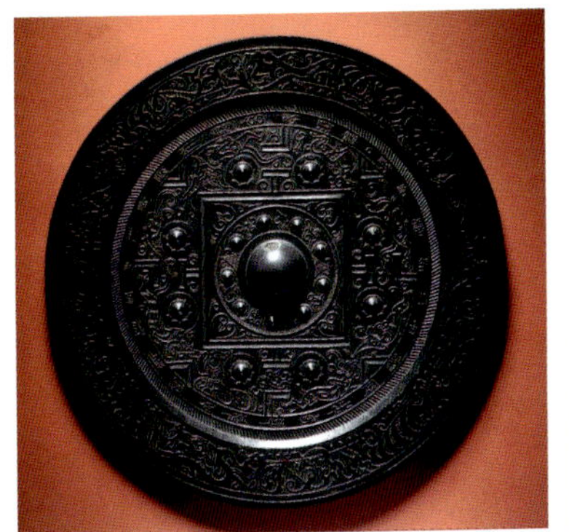

6737 “汉有善铜”跑兽边规矩镜
估 价：RMB 450,000~550,000
成交价：RMB 517,500
直径22cm；重量1303g 北京保利 2017-12-19

6756 “吾作”重列式半圆方枚神兽镜
估 价：RMB 300,000~450,000
成交价：RMB 345,000
直径15cm；重量484g 北京保利 2017-12-19

6769 双龙镜
估 价：RMB 250,000~400,000
成交价：RMB 322,000
直径17.5cm；重量932g 北京保利 2017-12-19

6736 “尚方御镜”规矩镜
估 价：RMB 300,000~400,000
成交价：RMB 345,000
直径18.5cm；重量801g 北京保利 2017-12-19

6713 草叶纹镜
估 价：RMB 500,000~600,000
成交价：RMB 575,000
直径18.3cm；重量711g 北京保利 2017-12-19

6718 双圈铭文镜
估 价：RMB 200,000~300,000
成交价：RMB 264,500
直径16cm；重量586g 北京保利 2017-12-19

6709 星云镜
估　价：RMB 120,000~150,000
成交价：RMB 253,000
直径18cm；重量806g 北京保利 2017-12-19

1383 清雍正 铜鎏金螭龙纹出戟碗
"雍正年制"款
估　价：RMB 50,000~80,000
成交价：RMB 86,250
直径11.6cm 西泠拍卖 2017-07-15

7281 "千秋万岁"草叶纹镜
估　价：RMB 220,000~300,000
成交价：RMB 782,000
直径18.2cm；重量651g 北京保利 2017-06-05

5120 清雍正 铜鎏金镶嵌三羊开泰填漆夔龙纹三联盒
估　价：RMB 2,000,000~3,000,000
成交价：RMB 2,415,000
宽10cm 北京保利 2017-06-06

7289 "五铢"六乳神兽镜
估　价：RMB 60,000~100,000
成交价：RMB 109,250
直径13.2cm；重量453g 北京保利 2017-06-05

7284 菱花形双龙镜
估　价：RMB 200,000~400,000
成交价：RMB 414,000
直径19cm；重量1213g 北京保利 2017-06-05

875 青铜兽面纹钲
估　价：RMB 350,000~500,000
成交价：RMB 517,500
带座高66cm 西泠拍卖 2017-07-15

7273 羽状纹底菱纹镜
估　价：RMB 200,000~400,000
成交价：RMB 1,380,000
直径15.8cm；重量524g 北京保利 2017-06-05

137 汉代 青铜人擎灯
估 价：HKD 2,200,000~2,500,000
成交价：RMB 2,294,120
高28cm 香港翰海 2017-10-05

1003 秦权（一枚）
估 价：RMB 450,000
成交价：RMB 828,000
6cm×6.1cm；重1002g 上海泛华 2017-09-09

# 铁 器

5408 元 铁铸牡丹纹三足香炉
“至顺三年岁次壬申”款
估 价：RMB 1,000~2,000
成交价：RMB 184,000
高25cm 北京保利 2017-06-07

547 元/明初 铁观音首像
成交价：RMB 413,394
纽约苏富比 2017-03-15

548 明嘉靖 铁漆金侍女立像（一对）
“嘉靖三十六年造”款
成交价：RMB 258,371
纽约苏富比 2017-03-15

167 明 铸铁对狮
估　价：RMB 1,300,000~1,500,000
成交价：RMB 1,495,000
高114cm×2 上海明轩 2017-06-30

3597 山田宗美作铁打出布袋和尚置物
“宗美”款（器身）“山田宗美造”款（供箱）
估　价：RMB 750,000~850,000
成交价：RMB 862,500
高19cm 北京匡时 2017-12-04

929 19世纪 日本嵌金银云鹤纹铁壶
“金寿堂造”四字款
估　价：RMB 120,000~180,000
成交价：RMB 195,500
高15cm 观唐皕榷 2017-01-12

2356 明治期 铁打金工香柜
估　价：RMB 190,000~220,000
成交价：RMB 218,500
高12.5cm 北京匡时 2017-06-03

60 明治时代 金银七宝象嵌铁制香炉
铭：光一心（高崎光一）
估　价：HKD 450,000~550,000
成交价：RMB 674,375
高21cm 佳士得 2017-10-02

## 锡　器

1284 清 金畊制兰亭序九鼎图六方锡壶
估　价：RMB 50,000~80,000
成交价：RMB 57,500
高16.5cm 西泠拍卖 2017-07-15

626 清早期 沈存周制锡诗文茶叶罐
估　价：RMB 80,000~120,000
成交价：RMB 138,000
高8cm 荣宝斋（上海） 2017-07-30

170 清早期 沈存周锡制对合诗文茶叶罐
估 价：RMB 350,000~400,000
成交价：RMB 460,000
高8.4cm×2 上海明轩 2017-06-30

3451 清早期 陈觐侯制紫泥桃花泥夔龙贴花碗
估 价：RMB 100,000~120,000
成交价：RMB 138,000
直径21cm 中国嘉德 2017-06-20

# 紫 砂

3915 明末清初 卷云纹乌泥六方壶
估 价：RMB 900,000~1,200,000
成交价：RMB 862,500
9.2cm×14cm 西泠拍卖 2017-07-16

3896 清早期 宜钧天蓝釉紫泥铺首尊
估 价：RMB 50,000~80,000
成交价：RMB 120,750
24.3cm×12cm 西泠拍卖 2017-07-16

201 清早期 陈觐侯制紫泥团龙纹贴花贡碗
估 价：HKD 300,000~400,000
成交价：RMB 602,508
直径19.7cm 中金国际 2017-11-24

510 清初 郑荆玉制宜兴紫砂方壶
郑荆玉制款
估 价：HKD 100,000~150,000
成交价：RMB 491,972
宽11.5cm 香港苏富比 2017-06-01

3523 清康熙 陈鸣远制 斑竹杯
“陈鸣远制”款
估 价：RMB 1,200,000~1,800,000
成交价：RMB 1,840,000
高6.4cm 北京匡时 2017-12-04

2260 清康熙 陈鸣远制 千载杯
估 价：RMB 1,800,000~2,000,000
成交价：RMB 2,300,000
长9cm 上海匡时 2017-11-05

2222 清康熙 惠逸公制 朱泥莲子壶
估 价：RMB 800,000~900,000
成交价：RMB 1,035,000
上海匡时 2017-11-05

6216 清康熙 陈鸣远制 紫砂小碟
“石霞山人”款
估 价：RMB 350,000~550,000
成交价：RMB 483,000
直径9.7cm 北京保利 2017-12-19

270 清雍正 紫砂般若波罗蜜多心经钵
“拈花寺”款
成交价：RMB 149,500
直径14.5cm 北京保利 2017-04-16

2529 清乾隆 紫砂兽面纹出戟花觚（一对）
“大清乾隆年制”款
估 价：RMB 230,000~250,000
成交价：RMB 264,500
高31.3cm×2 北京匡时 2017-12-03

200 清乾隆 杨季初制 堆泥山水笔筒
“杨季初”款
估　价：RMB 1,100,000~2,000,000
成交价：RMB 1,437,500
高13.1cm 保利华谊 2017-12-08

205 清乾隆 梅竹图诗文筋纹壶
“御制笨岩”款
估　价：HKD 1,500,000~2,000,000
成交价：RMB 3,012,540
9cm×14.3cm 中金国际 2017-11-24

208 清乾隆 御制泥绘山水乳鼎壶
估　价：HKD 4,000,000~5,000,000
成交价：RMB 8,152,580
8cm×14.3cm 中金国际 2017-11-24

203 清乾隆 山水图景攒盘
“愕怡斋”款
估　价：HKD 800,000~1,000,000
成交价：RMB 1,205,016
直径42.8cm 中金国际 2017-11-24

3821 清乾隆 炉钧釉紫泥瑞兽（一对）
估　价：RMB 350,000~450,000
成交价：RMB 437,000
高14.3cm×2 西泠拍卖 2017-07-16

2336 清嘉庆/道光 杨彭年制 陈曼生铭 棋奁壶
估　价：RMB 2,800,000~3,000,000
成交价：RMB 3,220,000
长9.5cm 上海匡时 2017-11-05

511 清嘉庆/道光 瞿应绍铭宜兴竹纹石瓢壶
“子治”款、“壶公”款、“吉安”款
来源：联斋，香港，1978年。
估　价：HKD 800,000~1,200,000
成交价：RMB 3,550,944
宽14.7cm 香港苏富比 2017-06-01

3486 清道光 陈曼生铭桑连理馆仿大彬制款杨彭年制紫泥扁石壶
估　价：RMB 1,000,000~1,200,000
成交价：RMB 2,875,000
宽16.8cm 中国嘉德 2017-12-18

3408 清道光 壶公冶父款杨彭年制论王翚画意子冶石瓢壶
估　价：RMB 500,000~600,000
成交价：RMB 1,437,500
宽14.6cm 中国嘉德 2017-12-18

199 清道光 吉安制 子冶刻清溪泛舟图石瓢壶
“月壶”底款；“吉安”把款
估　价：RMB 1,600,000~3,000,000
成交价：RMB 3,450,000
宽15.5cm 保利华谊 2017-12-08

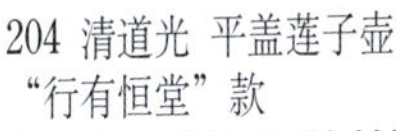

204 清道光 平盖莲子壶
“行有恒堂”款
估 价：HKD 2,500,000~3,500,000
成交价：RMB 4,820,064
8.6cm × 13.5cm 中金国际 2017-11-24

1653 清道光 申锡 彩泥堆绘井栏式井栏壶
“申锡”款
估 价：RMB 850,000~1,200,000
成交价：RMB 977,500
长9.6cm 北京东正 2017-06-08

2335 清道光 申锡制 兰圃铭 泥绘花卉匏瓜壶
估 价：RMB 1,100,000~1,200,000
成交价：RMB 1,265,000
长9cm 上海匡时 2017-11-05

5320 清中期 瞿子冶铭乔鹭洲刻杨彭年制紫砂石瓢壶
“宜园”盖款、“彭年”把下款
估 价：RMB 200,000~300,000
成交价：RMB 1,380,000
长14.5cm 北京保利 2017-06-07

3848 清中期 龚心钊旧藏杨彭年制、陈曼生刻香蘅款紫泥粉彩泥百衲壶
“香蘅”底款、“彭年”把款、“曼生”刻款
估　价：RMB 6,500,000~8,000,000
成交价：RMB 14,490,000
6cm × 11cm 西泠拍卖 2017-07-16

3866 清中期 杨彭年制 晚香斋主人清赏紫泥合欢壶
“阿曼陀室”底款；“彭年”把款
估　价：RMB 1,400,000~1,800,000
成交价：RMB 1,955,000
8.2cm × 17.5cm 西泠拍卖 2017-07-16

3911 清中期 乌泥加彩绣墩
估　价：RMB 70,000~100,000
成交价：RMB 120,750
47cm × 33.5cm 西泠拍卖 2017-07-16

5008 清光绪 艾农摹心舟刻王东石制 玉成窑盖碗
估　价：RMB 120,000~220,000
成交价：RMB 368,000
高8.8cm 中国嘉德 2017-12-21

5058 清光绪 何心舟制 紫砂筒式壶
“日岭山房”款
估　价：RMB 700,000~1,000,000
成交价：RMB 977,500
高11.8cm 中国嘉德 2017-12-21

5021 清晚期 阳羡王东石制 寿石山房摹汉瓦文梅瓶
“阳羡王东石制”
估　价：RMB 200,000~300,000
成交价：RMB 230,000
高31.3cm 中国嘉德 2017-12-21

3815 清晚期 恽寿平、东园款玉成窑紫泥腰圆盆
估　价：RMB 70,000~100,000
成交价：RMB 126,500
21.8cm×14.8cm 西泠拍卖 2017-07-16

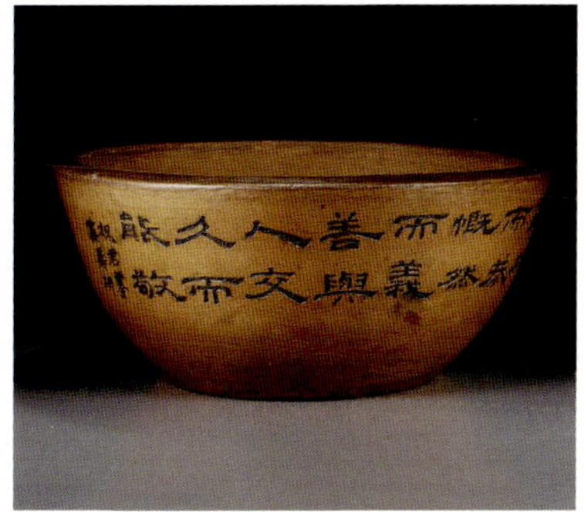

3863 清晚期 玉成窑紫泥诗文钵形鱼缸
估　价：RMB 160,000~200,000
成交价：RMB 195,500
17cm×42cm 西泠拍卖 2017-07-16

2338 明/清 供春树瘿壶
估　价：RMB 3,200,000~3,500,000
成交价：RMB 3,680,000
长18.5cm 上海匡时 2017-11-05

108 清 紫砂瘦骨罗汉坐像
估　价：RMB 200,000~250,000
成交价：RMB 230,000
高17cm 上海嘉禾 2017-07-01

5386 清 陈子畦款朱泥壶
估　价：RMB 320,000~350,000
成交价：RMB 437,000
宽10.5cm 北京保利 2017-12-19

512 18世纪初 陈汉文制 宜兴仿铜器盖盒 及 紫檀雕包袱式夔龙纹椭圆盖盒
来源：宜兴盒：Hugh Moss Ltd，香港，1977年。
估　价：HKD 600,000~800,000
成交价：RMB 765,290
长11.7cm，长12.4cm 香港苏富比 2017-06-01

3448 清晚期 何心舟制 齐安炉铭玉成窑风炉
估　价：RMB 30,000~40,000
成交价：RMB 460,000
高13.5cm 中国嘉德 2017-06-20

137 清 彭年制 曼生铭三足炉鼎式壶
来源：龚心钊旧藏。
估 价：RMB 4,500,000~6,000,000
成交价：RMB 6,210,000
16cm×11.5cm×9.2cm 中贸圣佳 2017-06-18

1034 顾景舟 矮僧帽
底款：景舟制匋；盖款：顾景舟；把款：壶叟
估 价：RMB 3,600,000~4,500,000
成交价：RMB 4,140,000
长15.8cm 北京保利 2017-12-18

3406 当代 徐秀棠制 供春塑像
估 价：RMB 40,000~50,000
成交价：RMB 241,500
长29.5cm 中国嘉德 2017-12-18

3485高振宇 紫盉壶
估 价：RMB 480,000~500,000
成交价：RMB 747,500
宽15cm 中国嘉德 2017-12-18

1111 潘持平 仿鸣远四方抽角壶
估 价：RMB 200,000~300,000
成交价：RMB 632,500
宽15.3cm 北京翰海 2017-12-15

1112 潘持平 和润壶
估 价：RMB 200,000~300,000
成交价：RMB 517,500
宽16.2cm 北京翰海 2017-12-15

1521 1989年 顾景舟制 亚明书画 矮井栏壶
“景舟制壶”款、“顾景舟”款、“壶叟”款
备注：多种出版物有著。
成交价：RMB 17,825,000
16.6cm×8.2cm 北京东正 2017-06-08

2318 徐秀棠 如意观音
估 价：RMB 180,000~200,000
成交价：RMB 322,000
高38cm 上海匡时 2017-11-05

1057 邵大亨 掇只壶
“大亨”盖款
估 价：RMB 2,000,000~2,400,000
成交价：RMB 2,760,000
高11cm 北京翰海 2017-12-15

117 李寒勇 蜀隐壶
估 价：HKD 350,000~550,000
成交价：RMB 803,344
16.2cm×9.2cm 中金国际 2017-11-24

1150 何道洪 嵌泥碧液壶
估 价：RMB 800,000~1,000,000
成交价：RMB 1,035,000
宽16.3cm 北京翰海 2017-12-15

1151 何道洪 秦璧壶（魏紫熙书画）
估 价：RMB 1,300,000~1,500,000
成交价：RMB 2,070,000
宽18.5cm 北京翰海 2017-12-15

3522 当代 高振宇制 小金盉壶（一对）
估 价：RMB 500,000~600,000
成交价：RMB 701,500
宽12cm×2 中国嘉德 2017-06-20

836 何道洪 葫玉壶
估 价：RMB 1,000,000~1,500,000
成交价：RMB 1,840,000
宽15.2cm 北京翰海 2017-06-02

1158 汪寅仙 弯把梅桩壶
估 价：RMB 1,000,000~1,200,000
成交价：RMB 1,150,000
高14.5cm 北京翰海 2017-12-15

770 吴界明 知音对壶
盖款：界明；把款：界 明；底款：信手忘工拙
估 价：RMB 500,000~600,000
成交价：RMB 1,150,000
高12cm×2 北京翰海 2017-06-02

110 许卫良 五头雅士茶具组
估 价：HKD 200,000~300,000
成交价：RMB 552,299
高11cm 中金国际 2017-11-24

321范顺君 新曼生八壶
估　价：RMB 350,000~550,000
成交价：RMB 1,265,000
尺寸不一 上海工美 2017-07-23

3519何道洪制 五头立竹茶具
估　价：RMB 500,000~600,000
成交价：RMB 1,265,000
宽12cm；宽8.7cm；宽6.5cm；350cc 中国嘉德 2017-06-20

895 邹跃君 吟风壶
估　价：RMB 600,000~800,000
成交价：RMB 1,150,000
高10cm 北京翰海 2017-06-02

135 江建翔制 谭泉海刻 五头竹运茶具组
估　价：HKD 500,000~800,000
成交价：RMB 702,926
高15cm 中金国际 2017-11-24

# 漆 器

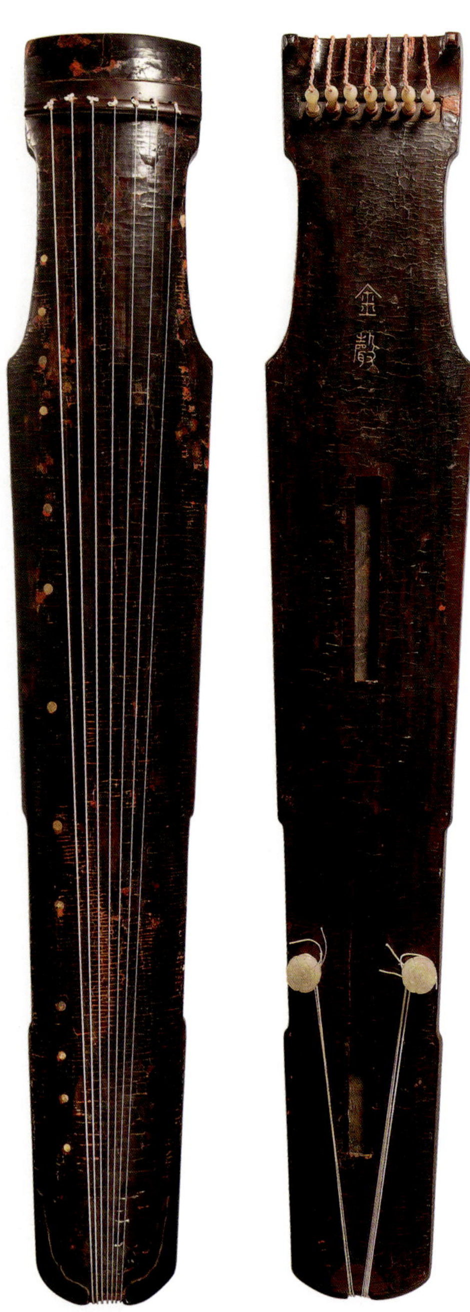

4903 唐 “金声”仲尼式古琴
成交价：RMB 18,400,000
长120.6cm 中国嘉德 2017-06-19

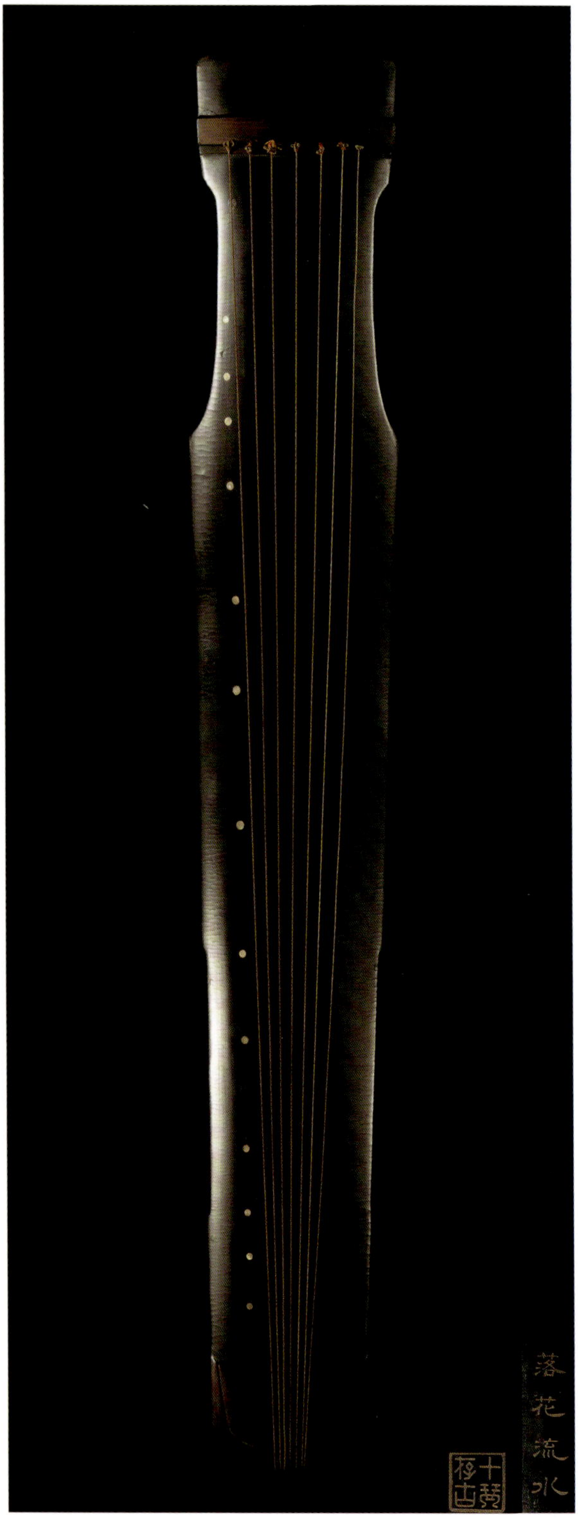

64 唐/宋 仲尼式“落花流水”琴
备注：田翔千旧藏。
估 价：RMB 12,000,000~16,000,000
成交价：RMB 16,675,000
长121cm 中贸圣佳 2017-06-18

3015 唐 夹纻干漆观世音菩萨头像
来源：日本旧藏。
估　价：HKD 18,000,000~25,000,000
成交价：RMB 19,334,700
高43.3cm 香港苏富比 2017-04-04

184 宋 剔红花卉纹高足碗
估　价：RMB 500,000~800,000
成交价：RMB 690,000
直径5.9cm 保利华谊 2017-12-08

3047 宋 褐漆盏托
估　价：HKD 100,000~150,000
成交价：RMB 234,025
宽16.8cm 佳士得 2017-11-29

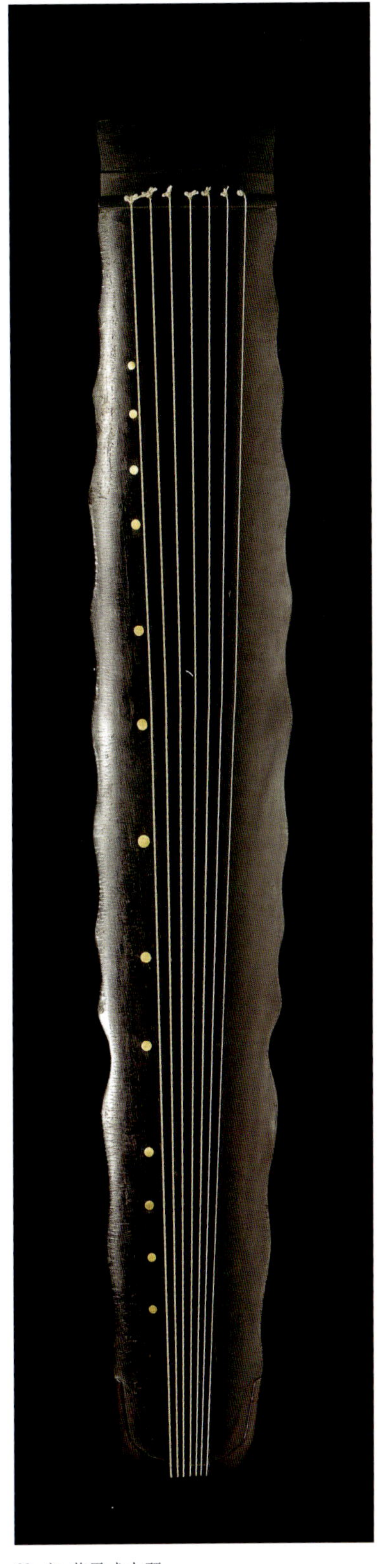

63 宋 落霞式古琴
估　价：RMB 3,500,000~5,000,000
成交价：RMB 8,222,500
长124cm 中贸圣佳 2017-06-18

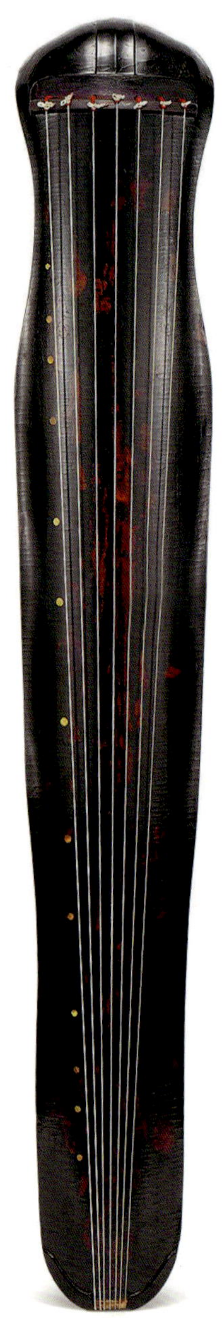

3213 南宋 马希先斫“散雪”百衲屏蕉叶古琴
“大宋马希先识”腹款
来源：萧白镛旧藏。
估　价：RMB 5,000,000~6,000,000
成交价：RMB 5,750,000
长115cm 北京匡时 2017-12-03

4902 宋 仲尼式古琴
估　价：RMB 4,800,000~6,800,000
成交价：RMB 7,935,000
长122cm 中国嘉德 2017-06-19

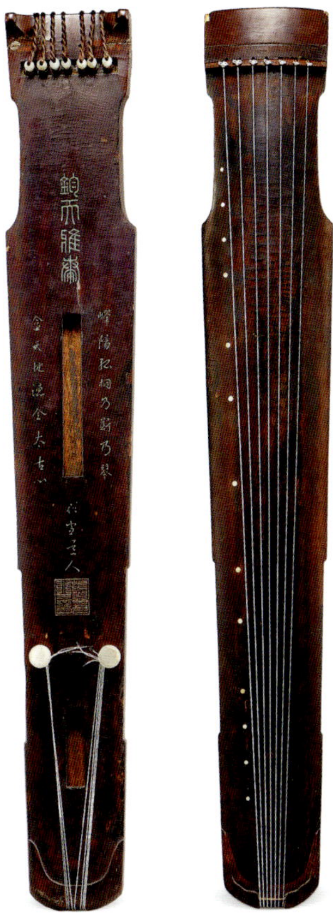

3212 元 仲尼式古琴“钧天雅奏”
钤印：绝世之音
来源：赵鸿雪旧藏。
估　价：RMB 6,000,000~8,000,000
成交价：RMB 7,130,000
长121.3cm 北京匡时 2017-12-03

5127 元 黑漆嵌螺钿人物盖盒
估　价：RMB 200,000~300,000
成交价：RMB 632,500
直径16cm 北京保利 2017-12-18

5125 元 剔彩孔雀牡丹纹大捧盒
估　价：RMB 1,000,000~1,500,000
成交价：RMB 3,450,000
直径39.3cm 北京保利 2017-12-18

5126 元 剔红「牡丹绶带图」葵口盘
估　价：RMB 1,000,000~1,500,000
成交价：RMB 3,220,000
宽30cm 北京保利 2017-12-18

5218 元 剔黑楼阁高士图长方盘
估　价：RMB 300,000~500,000
成交价：RMB 598,000
长15.7cm 北京保利 2017-06-06

4904 元 “松雪道人识”仲尼式古琴
出版：许健主编，《中国古琴民间典藏》，中华工商联合出版社，2013年。
估　价：RMB 6,000,000~9,000,000
成交价：RMB 6,900,000
长121.5cm 中国嘉德 2017-06-19

3028 元 朱漆剔犀碗
估 价：HKD 240,000~350,000
成交价：RMB 267,300
直径12.6cm 香港苏富比 2017-04-04

169 元 剔犀盏托
估 价：RMB 260,000~350,000
成交价：RMB 483,000
直径16.5cm 上海明轩 2017-06-30

155 明永乐 木胎大漆瓜棱形盖罐
估 价：RMB 180,000~200,000
成交价：RMB 207,000
直径12cm 北京宣石 2017-05-21

138 元末/明初 剔红花卉纹大盘
来源：1.大维德爵士伉俪收藏；2.伦敦苏富比，1962（650英镑）；3.Bluett & Sons，伦敦；4.Percy D. Krolik 收藏；5.伦敦苏富比，1970（1,900英镑）；6.Spink & Son，伦敦；7.L.A Basmadjieff 收藏；8.伦敦苏富比，1972年（1,600英镑）。
估 价：GBP 400,000~600,000
成交价：RMB 14,029,331
直径44.5cm 伦敦苏富比 2017-05-10

8009 明永乐 剔红牡丹纹盖盒
“大明永乐年制”刻款
估 价：HKD 8,000,000~10,000,000
成交价：RMB 7,437,740
直径26.5cm 佳士得 2017-11-27

3064 元/明早期 黑漆嵌螺钿周敦颐爱莲盖盒
估 价：HKD 200,000~400,000
成交价：RMB 244,850
直径25.6cm 保利香港 2017-10-02

2816 明永乐 朱漆戗金如意宝珠吉祥纹经文挟板
估 价：HKD 120,000~180,000
成交价：RMB 133,050
长79.5cm 佳士得 2017-05-31

5213 明永乐 剔红亭台高士花卉纹盖盒
“大明永乐年制”款
估 价：RMB 350,000~550,000
成交价：RMB 3,105,000
直径26.7cm 北京保利 2017-06-06

5215 明嘉靖 剔红山水楼阁婴戏图盘
“大明宣德年制”款，“根津氏藏”印章
估 价：RMB 500,000~800,000
成交价：RMB 575,000
直径29cm 北京保利 2017-06-06

572 明嘉靖 剔红婴戏图梅花式盖盒
“大明嘉靖年制”款
估 价：USD 40,000~60,000
成交价：RMB 1,037,850
纽约苏富比 2017-03-14

572 明嘉靖 剔红婴戏图梅花式盖盒
“大明嘉靖年制”款
成交价：RMB 1,033,485
纽约苏富比 2017-03-15

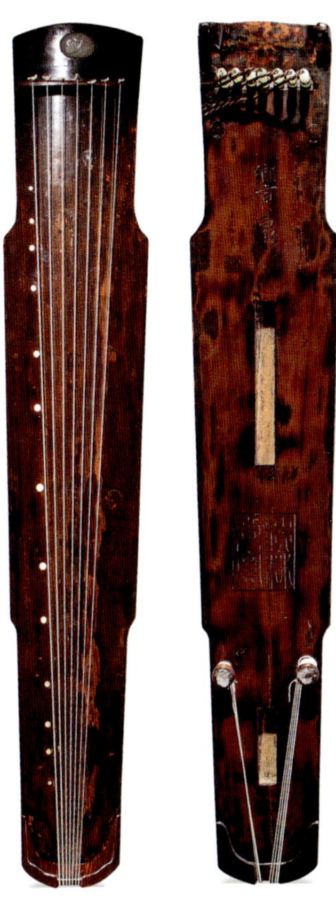

4904 明嘉靖 衡王制“響泉”神农氏古琴
估 价：RMB 4,500,000~6,800,000
成交价：RMB 5,520,000
长121cm 中国嘉德 2017-12-21

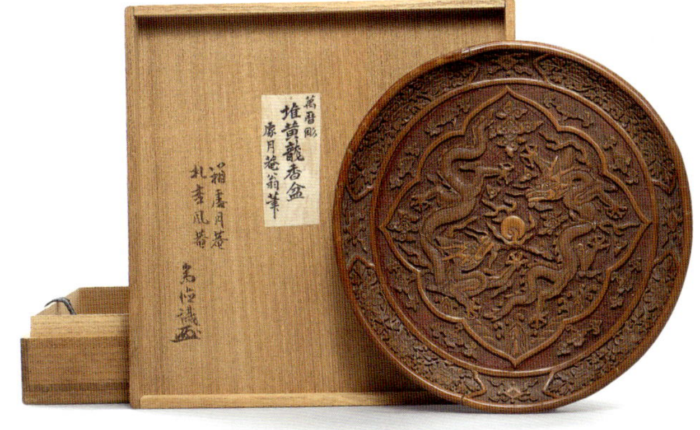

3011 明万历 剔黄双龙抢珠纹圆盘
估 价：HKD 1,500,000~2,500,000
成交价：RMB 1,649,820
直径22.3cm 佳士得 2017-05-31

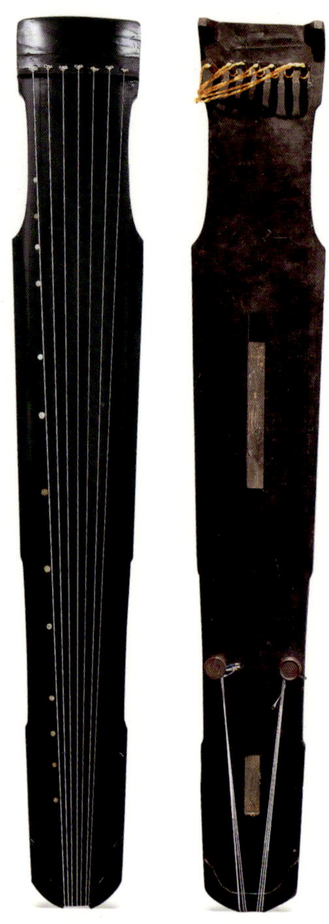

4903 明万历 益王命涂嘉彦制仲尼式百衲琴
估 价：RMB 2,800,000~5,800,000
成交价：RMB 3,220,000
长125cm 中国嘉德 2017-12-21

3229 16世纪 剔红花鸟纹圆盘
估 价：HKD 500,000~800,000
成交价：RMB 554,375
直径31.8cm 佳士得 2017-05-31

145 15世纪/16世纪 剔犀如意云纹七层盖盒
估 价：GBP 10,000~15,000
成交价：RMB 290,648
高30cm 伦敦苏富比 2017-05-10

541 17世纪 木漆金韦陀立像
来源：1.纽约苏富比，1997年；2.Bernadette及 William M. B. Berger 伉俪收藏。
成交价：RMB 947,361
纽约苏富比 2017-03-15

3044 清康熙 戗金填漆凤凰于飞纹如意
估 价：HKD 120,000~180,000
成交价：RMB 127,650
长41.3cm 佳士得 2017-11-29

6220 清乾隆 戗金彩漆“连庆方盘”
“大清乾隆年制”款
估 价：RMB 400,000~600,000
成交价：RMB 517,500
24.7cm×24.7cm 北京保利 2017-12-19

2876 清乾隆 剔红八吉祥番莲纹宝辇三层套盒
估 价：RMB 1,200,000~1,800,000
成交价：RMB 1,380,000
高29.2cm 中国嘉德 2017-12-18

5179 清乾隆 剔彩夔凤兽面纹双鹿耳大壶
估 价：RMB 3,800,000~5,800,000
成交价：RMB 5,865,000
高70.5cm 北京保利 2017-12-18

1202 清乾隆 剔红“九龙宝盒”
“九龙宝盒”款、“大清乾隆年制”款
估 价：RMB 800,000~1,000,000
成交价：RMB 1,334,000
直径28cm 华艺国际 2017-11-25

5173 清乾隆 剔红三清茶御题诗碗
“乾隆年制”款
估 价：RMB 650,000~850,000
成交价：RMB 1,127,000
直径12.2cm 北京保利 2017-12-18

662 清乾隆 剔红缠枝莲托梵文高足碗
“大清乾隆年制”款
估 价：HKD 200,000~300,000
成交价：RMB 546,635
高15.2cm 香港苏富比 2017-06-01

75 清乾隆 剔红花卉扇骨
成交价：RMB 184,000
长33.5cm 北京银座 2017-06-07

666 清乾隆 剔红三足盖碗连鎏金金属胆
估 价：HKD 60,000~80,000
成交价：RMB 120,260
直径11.8cm 香港苏富比 2017-06-01

615 清乾隆 剔红缠枝莲纹高足杯
“大清乾隆年制”篆书款
估 价：RMB 500,000~1,000,000
成交价：RMB 862,500
高13cm 观唐皕榷 2017-01-11

5144 清乾隆 御制剔红雕漆鼓琴宝盒
估 价：RMB 600,000~800,000
成交价：RMB 897,000
直径17.5cm 北京保利 2017-06-06

1112 清乾隆 剔红香莲纹宝辇式三层套盒
估 价：USD 150,000~250,000
成交价：RMB 1,037,850
宽32.7cm 纽约佳士得 2017-03-17

192 清乾隆 剔红松下高士图扇形盖盒连粉彩四季花卉攒盘（一套）
估 价：RMB 1,200,000~1,800,000
成交价：RMB 2,127,500
41cm×21.5cm 上海明轩 2017-06-30

613 清中期 黑漆描金万字形盒
估 价：RMB 300,000~600,000
成交价：RMB 483,000
直径52.4cm 观唐皕榷 2017-01-11

71 清中期 铜胎剔红龙纹“群仙祝寿图”大捧盒
“大清乾隆年制”篆书款
估 价：RMB 180,000~250,000
成交价：RMB 299,000
直径38cm 北京宣石 2017-05-21

2048 清 剔红壁瓶
估 价：RMB 330,000~350,000
成交价：RMB 379,500
高17.5cm 中贸圣佳 2017-09-04

1742 清 剔红雕人物大瓶（一对）
估 价：RMB 50,000~60,000
成交价：RMB 115,000
高47.5cm×2 西泠拍卖 2017-05-05

252 18世纪 剔红山水人物大捧盒
估 价：RMB 680,000~800,000
成交价：RMB 920,000
直径50cm 上海明轩 2017-06-30

6224 19世纪 朱漆彩绘云龙大鼓
估 价：RMB 80,000~120,000
成交价：RMB 92,000
高87cm 北京保利 2017-12-19

286 近代 多宝臣制三螭纹堆红盒
估 价：RMB 1,200,000~1,800,000
成交价：RMB 920,000
直径16.8cm 北京东正 2017-12-09

2203 上下 2017 “致韵”脱胎刘彩大漆茶叶罐
估 价：HKD 80,000~120,000
成交价：RMB 97,940
高11cm 保利香港 2017-10-03

# 匏 器

3010 清乾隆 匏制八仙纹倭角葫芦
“乾隆赏玩”款
估 价：HKD 800,000~1,000,000
成交价：RMB 830,000
高21.9cm 香港苏富比 2017-10-03

1901 清中期 胡人献宝蝈蝈葫芦
估 价：RMB 50,000~80,000
成交价：RMB 57,500
高13.5cm 中贸圣佳 2017-06-18

137 清 玳瑁蒙心蝈蝈葫芦
估 价：RMB 80,000~120,000
成交价：RMB 207,000
高12cm 北京宣石 2017-12-03

1235 民国 匏器钟馗嫁妹长颈瓶
估 价：RMB 80,000~150,000
成交价：RMB 92,000
高36cm 广东崇正 2017-06-15

33 陈大钢 范制葫芦香炉
估 价：RMB 2,000~12,000
成交价：RMB 67,200
直径14.5cm 蓝天国拍 2017-08-31

# 织 绣

6114 元 织锦千佛
估 价：RMB 350,000~550,000
成交价：RMB 402,500
63cm×88.5cm 北京保利 2017-06-07

6104 明 本色暗花绫顾绣关公周仓像“青碧斋”款
估 价：RMB 550,000~850,000
成交价：RMB 828,000
126cm×55cm 北京保利 2017-06-07

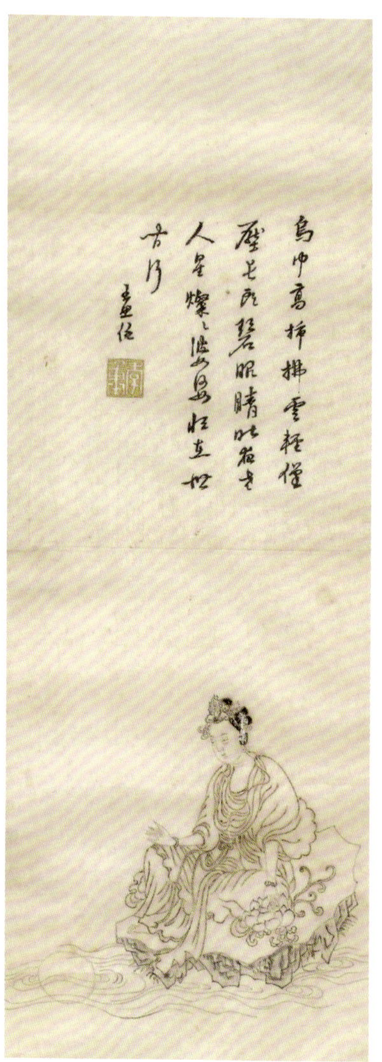

6103 明 发绣观音
估 价：RMB 60,000~80,000
成交价：RMB 149,500
64cm×22cm 北京保利 2017-06-07

6095 明 满绣凤穿牡丹纹大云肩
估 价：RMB 800,000~1,200,000
成交价：RMB 920,000
111cm×103cm 北京保利 2017-06-07

6107 明 缂丝山水花鸟册页
估 价：RMB 2,000,000~3,000,000
成交价：RMB 2,300,000
33cm×21cm 北京保利 2017-06-07

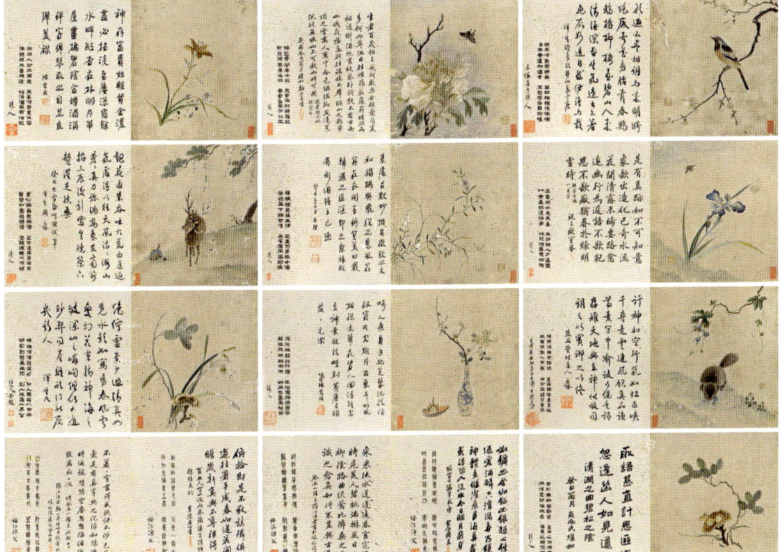

3231 明末 韩希孟顾绣花鸟图册页
估 价：RMB 1,000,000~1,200,000
成交价：RMB 4,370,000
25.5cm×24cm 中国嘉德 2017-12-21

3206 明晚期 红色缂丝柿蒂窠云龙金寿字纹衣料
估 价：RMB 280,000~380,000
成交价：RMB 782,000
132cm×136cm 中国嘉德 2017-12-21

39 明晚期 大红地缂丝龙纹椅披
估 价：RMB 120,000~150,000
成交价：RMB 207,000
52cm×168cm 北京东正 2017-06-08

6091 明晚期 香色彩云金龙纹妆花缎藏袍
估 价：RMB 400,000~600,000
成交价：RMB 460,000
186cm × 131cm 北京保利 2017-06-07

116 清乾隆 御用明黄缠枝莲金龙座褥
估 价：RMB 600,000~800,000
成交价：RMB 1,725,000
80cm × 105cm 大羿拍卖 2017-12-04

4771 清乾隆 缠枝花卉福寿螭龙纹台布
成交价：RMB 563,500
中国嘉德 2017-12-21

349 清乾隆 御制明黄地绣金龙垫面
估 价：GBP 20,000~40,000
成交价：RMB 597,231
86.5cm × 74cm 伦敦佳士得 2017-11-07

2477 清初 缂丝宝相花双狮仙鹤镜心
估 价：RMB 400,000~600,000
成交价：RMB 690,000
116cm × 50cm 北京翰海 2017-06-04

2476 清初 缂丝鸳鸯花卉镜心
估 价：RMB 400,000~600,000
成交价：RMB 690,000
110cm × 53.5cm 北京翰海 2017-06-04

6241 清乾隆 蓝色织金缎陀罗尼经被
估　价：RMB 3,500,000~4,500,000
成交价：RMB 4,025,000
206cm×142cm 北京保利 2017-12-19

5122 清乾隆 缂金蓝地云蝠纹贺寿对联
备注：北平乐氏珍藏，1970年后退还。
估　价：RMB 650,000~950,000
成交价：RMB 1,127,000
202cm×33cm×2 北京保利 2017-06-06

637 清康熙 宁夏团花纹榻毯
估　价：USD 20,000~30,000
成交价：RMB 389,194
272cm×173cm 纽约佳士得 2017-03-16

3232 清乾隆 顾绣八仙图
估　价：RMB 300,000~400,000
成交价：RMB 368,000
176cm×68cm 中国嘉德 2017-12-21

41 清乾隆 明黄地彩云金绣五龙坐褥
估　价：RMB 300,000~400,000
成交价：RMB 724,500
105cm×105cm 北京东正 2017-06-08

3037 清乾隆 缂丝御制题陈栝画万年青诗卷
估　价：HKD 2,500,000~3,500,000
成交价：RMB 2,714,220
129cm×39.6cm 佳士得 2017-05-31

42 清乾隆 明黄地彩云金绣五龙帷幔
估　价：RMB 400,000~600,000
成交价：RMB 1,092,500
62cm×15cm 北京东正 2017-06-08

65 清道光 蓝色地博古图挂帐
估　价：RMB 40,000~60,000
成交价：RMB 103,500
80cm×180cm 北京东正 2017-06-08

96 清乾隆 苏绣花鸟镜芯
估　价：RMB 300,000~400,000
成交价：RMB 437,000
47cm×178cm 北京东正 2017-06-08

507 雍正帝 御笔缂丝“积善成德”匾
估 价：RMB 600,000~900,000
成交价：RMB 1,150,000
135.2cm × 49.4cm 观唐皕榷 2017-01-11

6093 清嘉庆 绿色缂丝云鹤暗八仙纹衬衣
估 价：RMB 300,000~400,000
成交价：RMB 345,000
182cm × 140cm 北京保利 2017-06-07

3028 清乾隆 绛色纱纳绣彩云金龙纹吉服
估 价：HKD 400,000~600,000
成交价：RMB 531,875
108.5cm × 169cm 佳士得 2017-11-29

647 约1900年 宁夏式几何纹毯
估 价：USD 8,000~12,000
成交价：RMB 475,681
467cm × 320cm 纽约佳士得 2017-03-16

531 清 平金绣云龙纹绣片
估 价：RMB 200,000~400,000
成交价：RMB 345,000
87.4cm × 112cm 观唐皕榷 2017-01-11

1439 18世纪 缉米珠绣云龙捧寿纹团饰
估 价：USD 5,000~7,000
成交价：RMB 242,165
纽约苏富比 2017-03-18

290 19世纪 杏黄地彩绣云龙纹吉服
估 价：GBP 10,000~15,000
成交价：RMB 290,648
伦敦佳士得 2017-05-12

6109 清嘉庆/道光 湖色缎彩绣玉堂富贵图
估 价：RMB 450,000~650,000
成交价：RMB 552,000
241cm×73.5cm 北京保利 2017-06-07

# 玻璃器

994 汉-宋 琉璃玉璧五件 琉璃剑格和琉璃簪子各一件
估 价：HKD 10,000~15,000
成交价：RMB 115,133
最大的宽21.5cm 中国嘉德 2017-05-30

6177 清乾隆 仿雄黄料摇铃尊
“乾隆年制”款
估 价：RMB 200,000~300,000
成交价：RMB 230,000
高12.2cm 北京保利 2017-12-19

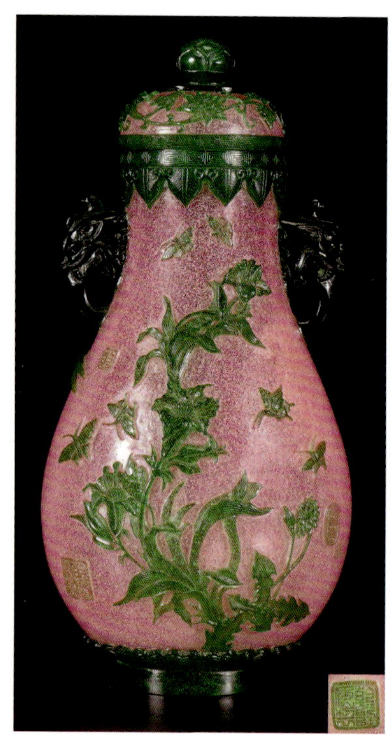

600 清乾隆 粉红地套绿料花鸟纹双兽耳盖壶
“乾隆年制”款
估 价：RMB 500,000~1,000,000
成交价：RMB 897,000
高29cm 观唐皕榷 2017-01-11

3177 清乾隆 蓝透明玻璃八棱瓶
“乾隆年制”楷书刻款
估 价：HKD 240,000~350,000
成交价：RMB 266,100
高13cm 佳士得 2017-05-31

2694 清乾隆 红料浅碗
“大清乾隆年制”篆书款
估 价：RMB 180,000~220,000
成交价：RMB 253,000
直径16.8cm 北京翰海 2017-06-04

3966 清乾隆 料质英雄双联瓶
估 价：RMB 150,000~200,000
成交价：RMB 172,500
高7cm 北京匡时 2017-06-04

5932 清乾隆 葡萄紫料碗
“乾隆年制”款
估 价：RMB 60,000~80,000
成交价：RMB 92,000
直径12.5cm 北京保利 2017-06-07

3716 清乾隆 松绿地堆白料穿莲夔龙纹斩瓶
“乾隆年制”款
估 价：HKD 450,000~550,000
成交价：RMB 466,875
高20.6cm 香港苏富比 2017-10-03

3728 清乾隆 御制绿料八方长颈瓶
“乾隆年制”款
估 价：HKD 400,000~600,000
成交价：RMB 415,000
高14.7cm 香港苏富比 2017-10-03

714 清 三色套料蝉挂坠
估 价：RMB 80,000~100,000
成交价：RMB 115,000
长4.8cm 北京东正 2017-12-09

3097 清雍正 黄料浅划螭龙纹摇铃尊
“雍正年制”款
估 价：HKD 100,000~200,000
成交价：RMB 284,026
高13.3cm 保利香港 2017-10-02

# 金银器

3301 东周 龙纹碟形饰（一对）
估　价：HKD 230,000~300,000
成交价：RMB 734,550
长7.7cm×2 保利香港 2017-10-02

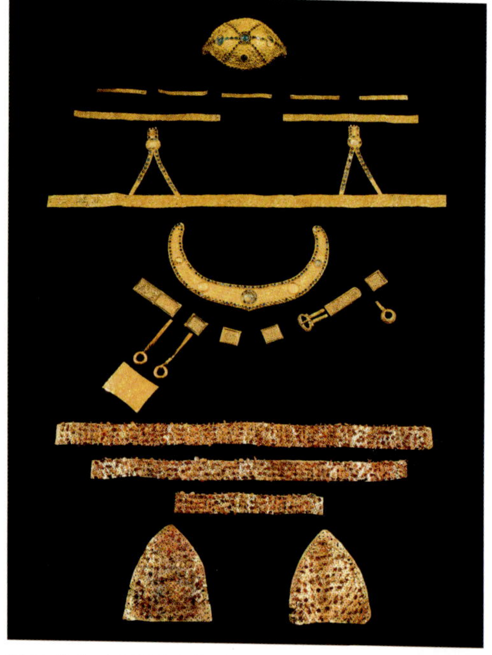

3304 北魏 金冠及金配饰（一组）
成交价：RMB 14,691,000
尺寸不一 保利香港 2017-10-02

246 南北朝 金瑞兽
估　价：HKD 200,000~300,000
成交价：RMB 195,880
宽3.5cm 中国嘉德 2017-10-02

3303 唐 西元7-8世纪 嵌珍珠金镯
估　价：HKD 470,000~500,000
成交价：RMB 460,318
直径8.3cm；重160g 保利香港 2017-10-02

455 辽金 银覆面（三具）
估　价：HKD 900,000~1,200,000
成交价：RMB 1,253,160
长21cm；长19.5cm；长22cm
中濠典藏 2017-05-23

491 辽 金盒（一对）
估　价：HKD 300,000~400,000
成交价：RMB 890,400
直径11.4cm×2 中濠典藏 2017-11-29

1036 唐 银鎏金花鸟人物耳杯
估　价：HKD 350,000~450,000
成交价：RMB 962,927
宽15cm 中国嘉德 2017-05-30

1034 宋 花鸟纹银盘金盏（一套）
估　价：HKD 150,000~200,000
成交价：RMB 544,263
直径7cm 中国嘉德 2017-05-30

5102 元 银制花口折沿盘（一对）
估　价：RMB 250,000~350,000
成交价：RMB 483,000
宽12cm×2 北京保利 2017-12-18

490 辽 金执壶
估　价：HKD 200,000~300,000
成交价：RMB 4,630,080
高28.5cm 中濠典藏 2017-11-29

260 金/元 金花鸟纹带饰（一套）
估　价：HKD 100,000~150,000
成交价：RMB 195,880
宽9.5cm 中国嘉德 2017-10-02

537 明永乐 金质累丝嵌宝石花鸟纹香囊（带项链）
估　价：RMB 900,000~1,800,000
成交价：RMB 1,610,000
直径7.5cm 观唐皕榷 2017-01-11

940 明嘉靖 金胎狮钮执壶
估　价：RMB 1,600,000~1,800,000
成交价：RMB 1,840,000
高25.5cm 保利厦门 2017-05-30

6045 明宣德 金质龙纹高足杯
估　价：RMB 1,800,000~3,000,000
成交价：RMB 25,875,000
高11.8cm；直径11cm；重470g 中国嘉德 2017-06-20

5963 明中期 银胎鎏金嵌宝海水云龙大香熏 "大明宣德丙午年御用监造"款
估　价：RMB 1,200,000~1,800,000
成交价：RMB 2,185,000
宽39cm；重13000g 北京保利 2017-12-19

1476 明万历 金嵌宝石錾刻龙纹锅
估　价：RMB 550,000~850,000
成交价：RMB 862,500
直径10cm 印千山 2017-07-09

6062 清乾隆 团寿纹“乾隆御用”金碗
估 价：RMB 2,300,000~5,000,000
成交价：RMB 15,870,000
直径16.8cm；重1035g 中国嘉德 2017-06-20

6052 明 金质浮雕飞廉盖罐
估 价：RMB 800,000~1,600,000
成交价：RMB 9,315,000
高12cm；直径9.3cm；总重616g 中国嘉德 2017-06-20

6099 明 缠枝叶花卉纹金梳
估 价：RMB 220,000~300,000
成交价：RMB 253,000
长12.5cm；重90.7g 中国嘉德 2017-06-20

6153 清中期 纯金嵌宝累丝香盒
估 价：RMB 600,000~800,000
成交价：RMB 862,500
宽13.5cm；重539.1g 北京保利 2017-12-19

6087 清中期 金质累丝凤凰头面首饰（一对）
估 价：RMB 35,000~70,000
成交价：RMB 109,250
高10cm×2；总重68g 中国嘉德 2017-06-20

6154 明 纯金刻云龙纹执壶
估 价：RMB 1,200,000~2,200,000
成交价：RMB 2,070,000
高25.3cm；重2897g 北京保利 2017-12-19

5126 清同治五年 银鎏金龙纹四足方盖鼎
“大清同治五年崇兴寺”款
估 价：RMB 800,000~1,200,000
成交价：RMB 2,127,500
宽58cm；重15839g 北京保利 2017-06-06

6076 清中期 金质春色满园茶壶
估 价：RMB 600,000~1,200,000
成交价：RMB 4,600,000
高12cm；总重925g 中国嘉德 2017-05-30

1049 清乾隆 纯金鸡缸杯
成交价：RMB 5,750,000
高3.5cm；直径8.8cm；重159.5g 中拍国际 2017-06-04

6107 清 银质鎏金累丝点翠百宝嵌头冠
估 价：RMB 78,000~150,000
成交价：RMB 115,000
长20cm；总重72g 中国嘉德 2017-06-20

517 清 金镶玉蕾丝盘龙八仙嵌宝如意
估 价：RMB 500,000~600,000
成交价：RMB 1,035,000
长30cm 荣宝斋（上海） 2017-07-30

6065 清 银质烧蓝百宝嵌龙腾四海双层佛龛
估 价：RMB 600,000~1,200,000
成交价：RMB 782,000
高62cm；宽24cm 中国嘉德 2017-06-20

6082 清 银质浮雕凤穿牡丹大型赏瓶（一对）
估 价：RMB 220,000~440,000
成交价：RMB 253,000
高51cm×2 中国嘉德 2017-06-20

4802 当代 陈毅谦 银质 弘一法师像
估 价：RMB 700,000~900,000
成交价：RMB 816,500
18cm×24cm×43cm；5.8kg
中国嘉德 2017-12-21

6028 金质瑞兽纹扣手杯（一对）
估 价：RMB 600,000~1,000,000
成交价：RMB 690,000
高4.7cm×2；总重332g 中国嘉德 2017-12-19

6045 金质高浮雕荔枝纹酒盏
估 价：RMB 850,000~1,800,000
成交价：RMB 977,500
盏口径9cm；盘直径18.8cm；总重691g
中国嘉德 2017-12-19

56 明治时代 银制鸡置物
估 价：HKD 320,000~480,000
成交价：RMB 332,000
高41cm 佳士得 2017-10-02

1046 巴克特利亚纯金嵌宝石腰带
估 价：RMB 500,000~800,000
成交价：RMB 5,750,000
重1129.3g；长99.8cm 中拍国际 2017-06-04

1044 巴克特里亚纯金嵌宝石手镯
估 价：RMB 50,000~80,000
成交价：RMB 575,000
直径10cm；重64.9g 中拍国际 2017-06-04

2378 四世藏六造兽口饕餮纹金壶
估　价：RMB 600,000~700,000
成交价：RMB 690,000
高16.5cm；重982.5g 北京匡时 2017-05-30

65 明治时代 金银象嵌制汤沸
铭：金寿堂造
估　价：HKD 280,000~320,000
成交价：RMB 518,750
宽14.6cm 佳士得 2017-10-02

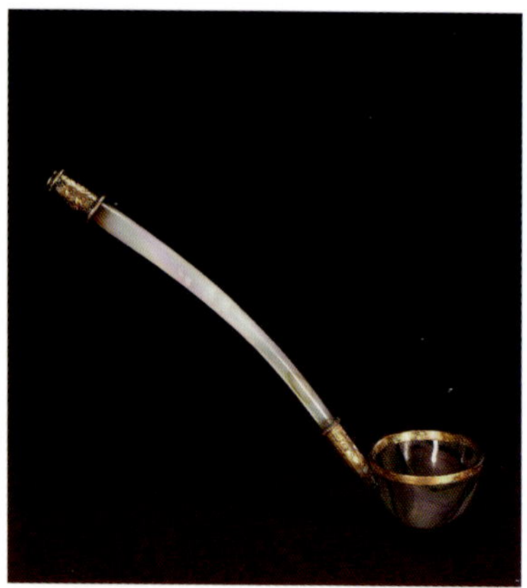

2114 玛瑙镶金勺
估　价：RMB 300,000~400,000
成交价：RMB 460,000
长23cm 中拍国际 2017-06-04

1043 纯金胡人伎乐狮足八棱杯
估　价：RMB 150,000~250,000
成交价：RMB 575,000
重144g；高9.2cm 中拍国际 2017-06-04

## 珐琅器

1531 元 铜胎掐丝珐琅缠枝莲纹兽耳簋式炉
估　价：RMB 1,250,000~1,600,000
成交价：RMB 2,300,000
直径13.5cm 北京东正 2017-06-08

3190 清乾隆 铜胎掐丝珐琅镂空云龙纹鹤鹿同春盖盒
估　价：RMB 2,000,000~2,200,000
成交价：RMB 2,300,000
直径39.5cm 北京匡时 2017-12-03

726 清早期 铜胎掐丝珐琅缠枝莲纹双狮耳衔环炉
估　价：RMB 2,000,000~3,000,000
成交价：RMB 2,300,000
直径23.5cm 北京东正 2017-12-09

5134 明宣德 铜胎掐丝珐琅缠枝莲纹盘
“大明宣德年制”款
估 价：RMB 1,000,000~1,500,000
成交价：RMB 1,380,000
直径19.3cm 北京保利 2017-06-06

145 明宣德 铜胎珐琅缠枝花卉纹盏托
“大明宣德年制”款
估 价：RMB 980,000~1,280,000
成交价：RMB 1,127,000
直径19.2cm 中贸圣佳 2017-06-18

1133 明 铜胎掐丝珐琅鹤寿纹方尊（一对）
估 价：RMB 1,600,000~2,000,000
成交价：RMB 1,955,000
高34cm×2 华艺国际 2017-11-25

141 16世纪晚期 掐丝珐琅瑞师戏球图藏草瓶
估 价：EUR 30,000~50,000
成交价：RMB 3,541,308
高23cm 巴黎苏富比 2017-06-22

3191 明晚期 银胎掐丝珐琅甪端香薰
估 价：RMB 6,000,000~6,500,000
成交价：RMB 6,900,000
高60cm 北京匡时 2017-12-03

3189 清乾隆 铜胎掐丝珐琅灵芝盆景（一对）
估 价：RMB 2,800,000~3,000,000
成交价：RMB 3,220,000
高69.5cm×2 北京匡时 2017-12-03

738 清乾隆 铜胎掐丝珐琅兽面纹出戟罍
估 价：RMB 3,000,000~4,000,000
成交价：RMB 3,450,000
高23.5cm 北京东正 2017-12-09

5921 清乾隆 御制铜锤胎珐琅宫灯（一对）
估 价：RMB 500,000~800,000
成交价：RMB 2,127,500
高66cm×2 北京保利 2017-12-19

2915 清乾隆 御制掐丝珐琅花卉如意肩凤耳三足盖炉
著录：《至尊华贵 — 欧洲私人珍藏御制掐丝珐琅器》，香港，2013年，编号2。
估 价：HKD 4,000,000~6,000,000
成交价：RMB 11,828,900
高80.6cm 佳士得 2017-11-29

1984 清乾隆 铜鎏金掐丝珐琅灵芝祝寿如意
估 价：RMB 380,000~580,000
成交价：RMB 437,000
长42cm 北京荣宝 2017-06-02

1129 清乾隆 铜胎掐丝珐琅灵仙祝寿如意
估 价：RMB 650,000~850,000
成交价：RMB 805,000
长42cm 华艺国际 2017-11-25

3084 清乾隆 铜胎掐丝珐琅云龙纹双兽耳扁瓶
估 价：HKD 300,000~500,000
成交价：RMB 440,730
高53cm 保利香港 2017-10-02

5968 清乾隆 铜胎画珐琅开光锦鸡牡丹长方箱
估　价：RMB 1,600,000~2,600,000
成交价：RMB 3,220,000
47.7cm×25.3cm×24.5cm 北京保利 2017-12-19

2912 清乾隆 御制铜胎画珐琅花卉纹包袱盖罐
“乾隆年制”楷书款
估　价：HKD 2,000,000~3,000,000
成交价：RMB 2,740,220
高12.3cm 佳士得 2017-11-29

5920 清乾隆 铜胎掐丝珐琅三足炉
估　价：RMB 1,200,000~1,800,000
成交价：RMB 1,897,500
高39.5cm 北京保利 2017-12-19

5891 清乾隆 铜胎掐丝珐琅鸡（一对）
估　价：RMB 1,000,000~1,600,000
成交价：RMB 1,840,000
高39cm×2 北京保利 2017-06-07

1127 清乾隆 铜胎掐丝珐琅炉瓶三式（5件/套）
“乾隆年制”楷书款，
估　价：RMB 1,500,000~1,800,000
成交价：RMB 1,552,500
炉高13.5cm；瓶高11.7cm；盒口径6.2cm 华艺国际 2017-11-25

3962 清乾隆 铜鎏金嵌料填珐琅八吉祥（一套）
“乾隆年制”楷书款
估　价：RMB 800,000~900,000
成交价：RMB 920,000
高32.5cm×8 北京匡时 2017-06-04

168 清乾隆 掐丝珐琅牡丹纹凤耳扁壶
估　价：GBP 15,000~20,000
成交价：RMB 693,083
高58cm 伦敦苏富比 2017-05-10

649 清乾隆 掐丝珐琅花卉纹方盖瓶（一对）
估　价：RMB 800,000~1,200,000
成交价：RMB 920,000
高53.5cm×2 保利厦门 2017-06-26

1561 清乾隆 铜胎掐丝珐琅海晏河清海棠式手炉
估　价：RMB 1,250,000~1,500,000
成交价：RMB 1,437,500
长20cm 北京东正 2017-06-08

1155 清乾隆 铜胎掐丝珐琅双龙捧寿夔耳方觚（一对）
著录：1.伦敦佳士得2001年秋拍；2.2013年香港出版《至尊华贵—欧洲私人珍藏御制掐丝珐琅器》，编号14。
估　价：RMB 4,500,000~5,500,000
成交价：RMB 5,635,000
高31.5cm×2 华艺国际 2017-05-27

942 清乾隆 铜胎丝珐琅缠枝番莲纹出戟大花觚
“乾隆年制”楷书款
估　价：RMB 3,500,000~5,500,000
成交价：RMB 5,520,000
高68cm 保利厦门 2017-06-25

1567 清乾隆 御制掐丝珐琅宝相莲纹扁壶
估　价：RMB 1,750,000~2,200,000
成交价：RMB 2,323,000
高38cm 北京东正 2017-06-08

1886 清乾隆 珍珠地珐琅彩火镰盒
“大清乾隆年制”款
估　价：RMB 3,500,000~4,500,000
成交价：RMB 4,600,000
高6.5cm 北京华辰 2017-06-05

5929 清中期 铜胎掐丝珐琅云龙纹四方大香熏（一对）
“大清乾隆年制”款
估　价：RMB 1,000,000~1,500,000
成交价：RMB 2,415,000
高145cm×2；重179kg 北京保利 2017-12-19

760 清 铜胎掐丝珐琅太平有象（一对）
估　价：RMB 500,000~800,000
成交价：RMB 747,500
高48cm×2 观唐皕榷 2017-01-12

142 清中期 铜胎珐琅龙舟（一对）
估　价：RMB 2,500,000~3,000,000
成交价：RMB 3,105,000
高39.5cm×2 中贸圣佳 2017-06-18

607 18世纪 日内瓦作金胎画珐琅西洋风景人物带扣（一套6件）
估　价：RMB 2,000,000~3,000,000
成交价：RMB 3,220,000
观唐皕榷 2017-01-11

112 18世纪 掐丝珐琅凤头鹦鹉
估　价：GBP 40,000~60,000
成交价：RMB 814,406
高25.4cm 伦敦佳士得 2017-11-07

3114 清中期 铜鎏金掐丝珐琅瑞兽足大香熏
来源：1.巴黎藏家Didier Aaron；2.英国伦敦藏家Christopher Bruckner；3.美国藏家文德尔伉俪旧藏；4.佳士得香港，2012年。
估 价：HKD 3,800,000~4,800,000
成交价：RMB 3,995,244
高85.8cm 保利香港 2017-04-04

5922 清 铜鎏金鞘白料画珐琅柄龙纹佩刀
“雍正年制”款
估 价：RMB 150,000~200,000
成交价：RMB 2,875,000
长29cm 北京保利 2017-06-07

3616 徐翊 掐丝珐琅嵌青白玉吉祥八宝托莲香薰团盒
估 价：RMB 1,500,000~2,000,000
成交价：RMB 1,725,000
直径21.3cm 中国嘉德 2017-06-21

1054 18世纪末/19世纪 掐丝珐琅花卉纹方盖瓶（一对）
估 价：USD 25,000~35,000
成交价：RMB 774,281
高54.6cm×2 纽约佳士得 2017-03-17

111 18世纪 掐丝珐琅鹦鹉
估 价：GBP 40,000~60,000
成交价：RMB 760,113
高23.5cm 伦敦佳士得 2017-11-07

# 鼻烟壶

3209 清乾隆 金雕云龙纹鼻烟壶
“大清乾隆年制”楷书款
估 价：RMB 600,000~800,000
成交价：RMB 759,000
高6.5cm 北京匡时 2017-12-03

242 清乾隆 白玉包袱团寿饰纹鼻烟壶
估 价：RMB 180,000~300,000
成交价：RMB 437,000
高6.8cm 北京保利 2017-11-04

241 清乾隆 白玉鹿鹤同春大鼻烟壶
估 价：RMB 150,000~250,000
成交价：RMB 437,000
高8.6cm 北京保利 2017-11-04

223 清乾隆 苏作玛瑙巧雕灵猴献寿鼻烟壶
估 价：RMB 150,000~250,000
成交价：RMB 322,000
高6.5cm 北京保利 2017-11-04

182 清乾隆 套红料双螭捧寿鼻烟壶
估 价：RMB 100,000~200,000
成交价：RMB 218,500
高7.4cm 北京保利 2017-11-04

2928 清乾隆 玛瑙诗文棱式鼻烟壶
估 价：HKD 200,000~500,000
成交价：RMB 404,225
高6cm 佳士得 2017-11-29

228 清乾隆 御制粉彩开光花卉图鼻烟壶
“乾隆年制”款
估 价：USD 15,000~20,000
成交价：RMB 252,108
高6.4cm 纽约佳士得 2017-09-13

3109 清乾隆 酱地粉彩描金瓜应绵绵葫芦式双系鼻烟壶
“乾隆年制”款
估　价：HKD 2,000,000~3,000,000
成交价：RMB 3,082,860
高5.2cm 香港苏富比 2017-04-05

3638 清乾隆 铜胎北京画珐琅蝶恋花鼻烟壶
“乾隆年制”款
来源：1.J.T. Wakefield 收藏；2.伦敦苏富比，1986年。
估　价：HKD 800,000~1,200,000
成交价：RMB 1,225,125
高4.7cm 香港苏富比 2017-04-05

3110 清中期 翡翠光素鼻烟壶
估　价：RMB 450,000~550,000
成交价：RMB 517,500
高5.3cm 中国嘉德 2017-12-21

3696 清乾隆 御制铜胎画北京珐琅开光式西洋人物图鼻烟壶
“乾隆年制”款
来源：巴黎德鲁奥大楼，Etude Millon Jutheau 拍卖，1984年7月2日，封面。
估　价：HKD 700,000~900,000
成交价：RMB 779,625
高6cm 香港苏富比 2017-04-05

606 清乾隆 铜胎画珐琅母子采花图鼻烟壶
“乾隆年制”楷书款
估　价：RMB 1,800,000~2,800,000
成交价：RMB 2,990,000
高4.5cm 观唐皕榷 2017-01-11

33 清 珐琅彩鼻烟壶
估　价：GBP 8,000~10,000
成交价：RMB 223,575
高6cm 伦敦佳士得 2017-05-09

35 清 粉彩鼻烟壶
估　价：GBP 6,000~10,000
成交价：RMB 1,117,875
高7.3cm 伦敦佳士得 2017-05-09

3151 清乾隆 黑漆嵌螺钿鼻烟壶
“乾隆年制”款
估　价：HKD 280,000~400,000
成交价：RMB 294,386
高8.2cm 保利香港 2017-04-04

296 清光绪 闫玉田内画八骏鼻烟壶
估　价：RMB 30,000~50,000
成交价：RMB 57,500
高7.5cm 北京保利 2017-11-04

36 清 粉彩婴戏图鼻烟壶
估　价：GBP 6,000~10,000
成交价：RMB 536,580
高6.5cm 伦敦佳士得 2017-05-09

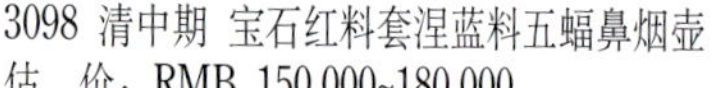

3098 清中期 宝石红料套涅蓝料五蝠鼻烟壶
估　价：RMB 150,000~180,000
成交价：RMB 172,500
高6.6cm 中国嘉德 2017-12-21

256 清光绪 1898年 丁二仲作玻璃内画通景山水图鼻烟壶
估　价：USD 40,000~60,000
成交价：RMB 162,650
高6.3cm 纽约佳士得 2017-09-13

1034 清 白玉仕女童子烟壶
估　价：RMB 500,000~800,000
成交价：RMB 575,000
高7.5cm 北京保利 2017-04-17

1736 清 涅白胎画珐琅莲池鸳鸯纹鼻烟壶
“乾隆年制”款
估　价：RMB 25,000~55,000
成交价：RMB 195,500
高6cm 北京华辰 2017-06-05

1967 清 银鎏金嵌料石烟壶
估　价：RMB 1,100,000~1,500,000
成交价：RMB 1,265,000
高7cm 中贸圣佳 2017-06-18

3657 18世纪 白玉采芝图鼻烟壶
估 价：RMB 100,000~200,000
成交价：RMB 402,500
高5.3cm 北京匡时 2017-06-04

3064 近代 王习三内画小憩图鼻烟壶
估 价：RMB 35,000~45,000
成交价：RMB 299,000
高7.4cm 中国嘉德 2017-12-21

436 1770-1799年 御制扬州作玻璃胎画珐琅花蝶图鼻烟壶
“古月轩”楷书款

估 价：USD 2,400~3,400
成交价：RMB 259,463
高5.7cm 纽约佳士得 2017-03-15

224 1964-1966年 王习三作玻璃画珐琅花鸟图鼻烟壶
估 价：USD 20,000~30,000
成交价：RMB 260,240
高6.6cm 纽约佳士得 2017-09-13

3646 清雍正 1722-1735年作 铜胎画珐琅西洋人物鼻烟壶
“雍正年制“楷书款

来源：德鲁奥拍卖行，法国，1976
估 价：RMB 600,000~800,000
成交价：RMB 1,150,000
高5.7cm 北京匡时 2017-06-04

1971 瞿利军 江柳故人 白玉烟壶
钤印：中鼎
估 价：RMB 380,000~450,000
成交价：RMB 437,000
高5.9cm 西泠拍卖 2017-07-15

3301 叶仲三 画人物故事纹鼻烟壶
估　价：HKD 560,000~1,680,000
成交价：RMB 537,768
高14cm 奥斯汀 2017-06-19

4059 1874年制 英国多滚轴音乐柜
估　价：RMB 300,000~500,000
成交价：RMB 460,000
上层110cm × 43cm；下层128cm × 73cm 西泠拍卖 2017-07-16

## 古典家具

5164 明嘉靖 嵌青花瓷板红漆镙钿方香几
估　价：RMB 1,600,000~2,600,000
成交价：RMB 1,840,000
65cm × 65cm × 95cm 北京保利 2017-06-06

3227 明崇祯 御制填漆戗金云龙戏珠纹香几
填金“大明崇祯丁丑年制”刻款
估　价：HKD 250,000~350,000
成交价：RMB 1,543,380
高61.5cm 佳士得 2017-05-31

5131 明 黄花梨带券口三层双屉架格
估　价：RMB 900,000~1,600,000
成交价：RMB 1,035,000
87.5cm × 43cm × 161cm 中国嘉德 2017-12-21

1097 明 黄花梨官帽椅（四只）
来源：法国藏家旧藏
估　价：RMB 3,000,000~4,000,000
成交价：RMB 4,025,000
高99cm×4 上海匡时 2017-11-05

636 明万历 黄花梨双龙戏珠纹炕桌
来源：嘉木堂、玛丽·泰瑞莎·L·维勒泰等珍藏。
估　价：USD 500,000~700,000
成交价：RMB 4,037,237
宽98cm 纽约佳士得 2017-03-16

311 明 黄花梨大画案
估　价：RMB 15,000,000~17,000,000
成交价：RMB 18,400,000
220cm×96cm×81cm 大羿拍卖 2017-12-04

5139 明万历 “大明万历年制”款缠莲八宝纹描金朱漆大衣箱
估　价：RMB 5,800,000~8,000,000
成交价：RMB 6,670,000
69cm×69cm×97cm 中国嘉德 2017-12-21

1602 明 黄花梨厚面架几翘头案
估 价：RMB 5,800,000~6,800,000
成交价：RMB 7,475,000
226cm × 40cm × 88cm 上海匡时 2017-11-05

1498 明 黄花梨翘头案
估 价：RMB 1,200,000~1,800,000
成交价：RMB 2,530,000
长约184cm 上海匡时 2017-11-05

1051 明 黄花梨无束腰马蹄腿独板围子罗汉床
成交价：RMB 28,510,500
206cm × 80cm × 82.5cm 中国嘉德 2017-10-02

1091 明 黄花梨百宝嵌博古图顶箱书柜
成交价：RMB 18,400,000
87.5cm × 52cm × 188cm 上海匡时 2017-11-05

2029 明 黄花梨四层提篮
估 价：RMB 320,000~620,000
成交价：RMB 517,500
31.5cm × 20cm × 28cm 南京嘉信 2017-01-08

1032 明 黄花梨素面捧盒
估 价：RMB 350,000~400,000
成交价：RMB 402,500
直径14cm 北京东正 2017-06-08

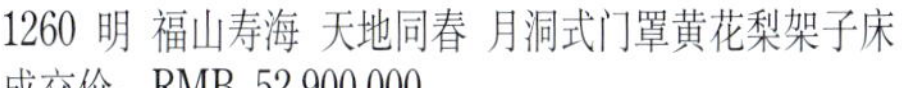

1260 明 福山寿海 天地同春 月洞式门罩黄花梨架子床
成交价：RMB 52,900,000
227cm×157cm×227cm 印千山 2017-07-09

5832 明 红漆嵌掐丝珐琅香几
估　价：RMB 200,000~300,000
成交价：RMB 6,440,000
高82cm 北京保利 2017-06-07

1255 明 黄花梨四出头椅（一对）
估　价：RMB 4,000,000~6,000,000
成交价：RMB 5,750,000
高117cm×2 印千山 2017-07-09

1254 明 明式黄花梨官帽椅（一对）
估　价：RMB 3,500,000~4,500,000
成交价：RMB 4,255,000
高98cm×2 印千山 2017-07-09

257 明 黄花梨夹头榫条案
估　价：RMB 1,800,000~2,200,000
成交价：RMB 2,415,000
长201cm 上海明轩 2017-06-30

5117 明末 紫檀有束腰齐牙条虎爪足炕桌
估　价：RMB 1,200,000~2,200,000
成交价：RMB 1,380,000
97.6cm×66cm×29.6cm 中国嘉德 2017-12-21

220 明晚期 黄花梨荷花挡板翘头案
估　价：RMB 6,500,000~8,000,000
成交价：RMB 8,395,000
218cm×41cm×84cm 保利华谊 2017-12-08

684 明 黄花梨翘头炕案
出版：《洪氏所藏木器百图》第一卷，图37。
估　价：HKD 600,000~1,000,000
成交价：RMB 1,569,990
104.2cm×24.8cm×22.8cm 中国嘉德 2017-05-30

2059 明 剔红群仙贺寿图脚踏
估　价：RMB 500,000~800,000
成交价：RMB 678,500
60cm×35cm×18cm 中贸圣佳 2017-06-18

2023 明 黄花梨瘿木面行军桌
成交价：RMB 4,370,000
高83.5cm 南京嘉信 2017-01-08

688 明末 黄花梨圈椅
估　价：HKD 1,550,000~2,550,000
成交价：RMB 2,721,316
高99cm 中国嘉德 2017-05-30

5111 明晚期 黄花梨及硬木六柱十字绦环围子架子床及脚踏（3件）
来源：古斯塔夫·艾克、曾佑和夫妇旧藏。出版：王世襄《明式家具研究》丙16，生活·读书·新知三联书店，2007年，第160页。
估　价：RMB 3,000,000~9,000,000
成交价：RMB 4,485,000
228cm×161cm×238cm 中国嘉德 2017-06-20

5129 明晚期 黄花梨高束腰簇云纹三弯腿六柱式架子床
估　价：RMB 3,600,000~5,600,000
成交价：RMB 5,750,000
222cm×155cm×230cm 中国嘉德 2017-06-20

8113 明晚期 黄花梨大四件柜（一对）
来源：马可乐，香港，购于1994年。
成交价：RMB 12,339,500
271.5cm×112.3cm×56.9cm×2 佳士得 2017-11-27

5114 明晚期 黄花梨螭龙纹雕花靠背玫瑰椅
估　价：RMB 800,000~1,500,000
成交价：RMB 1,725,000
高83cm 中国嘉德 2017-06-20

696 明末 黄花梨圈椅成对
估　价：HKD 4,300,000~6,300,000
成交价：RMB 5,233,300
高100.3cm 中国嘉德 2017-05-30

5143 明晚期 黄花梨券口靠背玫瑰椅
估　价：RMB 900,000~1,500,000
成交价：RMB 1,035,000
高87cm 中国嘉德 2017-06-20

686 明末 黄花梨方凳成对
出版：《洪氏所藏木器百图》第一卷，图3。
估　价：HKD 1,080,000~2,080,000
成交价：RMB 2,197,986
高50.2cm×2 中国嘉德 2017-05-30

3521 明末 黄花梨高束腰带抽屉小炕桌
出版：嘉木堂，《中国古典家具香港伦敦精选》，香港，2001年，页84–85。
估　价：HKD 380,000~550,000
成交价：RMB 1,447,875
27.7cm×61.7cm×46.6cm
香港苏富比 2017-04-05

8109 明晚期 黄花梨嵌瘿木高束腰马蹄足画桌
估　价：HKD 3,000,000~5,000,000
成交价：RMB 3,148,700
长135.2cm 佳士得 2017-11-27

3241 明末/清初 黄花梨独板平头案
来源：嘉木堂，香港，1992年。
估　价：HKD 2,000,000~3,000,000
成交价：RMB 1,649,820
长160cm 佳士得 2017-05-31

689 明晚期/清康熙早期 黄花梨圆角柜（成对）
估 价：HKD 4,500,000~6,500,000
成交价：RMB 6,253,350
高152.5cm×2 中国嘉德 2017-05-30

5109 明晚期 黄花梨双开门佛龛式药箱
估 价：RMB 2,800,000~3,800,000
成交价：RMB 3,220,000
57.5cm×38cm×59cm 中国嘉德 2017-06-20

5135 明晚期 黄花梨素联三闷户橱
估 价：RMB 1,600,000~2,600,000
成交价：RMB 1,840,000
190.5cm×51cm×85cm 中国嘉德 2017-06-20

3524 明末 黄花梨案头抽屉箱
估 价：HKD 220,000~320,000
成交价：RMB 946,688
25.8cm×41.2cm×39.4cm
香港苏富比 2017-04-05

3517 明末 黄花梨大药箱
估 价：HKD 200,000~300,000
成交价：RMB 723,938
35.5cm×47.4cm×36.2cm
香港苏富比 2017-04-05

3502 明末 黄花梨云钩纹圆香盒
来源：剪淞阁收藏。
估　价：HKD 150,000~250,000
成交价：RMB 1,392,188
4cm × 8.5cm 香港苏富比 2017-04-05

3504 明末 紫檀两撞提盒
估　价：HKD 180,000~280,000
成交价：RMB 501,188
22.2cm × 38.1cm × 20.3cm 香港苏富比 2017-04-05

2749 明末清初 黄花梨四出头官帽椅（一对）
估　价：RMB 2,800,000~3,800,000
成交价：RMB 11,040,000
长58.8cm；宽47.5cm；高118.5cm 中贸圣佳 2017-12-20

2056 明晚期 黄花梨百宝嵌王质遇仙图提盒
估　价：RMB 900,000~1,200,000
成交价：RMB 1,035,000
29.5cm × 18cm × 21.5cm 中贸圣佳 2017-06-18

3518 明末 黄花梨案架
估　价：HKD 480,000~650,000
成交价：RMB 1,670,625
49.9cm × 59.1cm × 28.5cm 香港苏富比 2017-04-05

5134 明末清初 黄花梨夹头榫独板面小画案
估　价：RMB 9,600,000~15,000,000
成交价：RMB 21,850,000
117.5cm × 73.2cm × 82cm 中国嘉德 2017-12-21

8111 明末清初 黄花梨镜光式方材玫瑰椅
估　价：HKD 800,000~1,200,000
成交价：RMB 851,000
高79.4cm 佳士得 2017-11-27

1722 明末清初 黄花梨大画案
估　价：RMB 3,500,000~4,500,000
成交价：RMB 6,440,000
175cm × 82cm × 85.5cm 北京东正 2017-06-08

1003 明末清初 黄花梨无束腰顶牙罗锅枨直足方禅凳
估　价：HKD 580,000~880,000
成交价：RMB 1,273,220
高48cm 中国嘉德 2017-10-02

2076 明末清初 黄花梨南官帽椅（一对）
估　价：RMB 2,500,000~3,500,000
成交价：RMB 2,875,000
高111cm × 2 中贸圣佳 2017-06-18

1005 明末清初 黄花梨一腿三牙八仙桌
估　价：HKD 1,200,000~2,200,000
成交价：RMB 1,958,800
80.5cm × 89cm × 89cm 中国嘉德 2017-10-02

685 明末清初 黄花梨提梁小柜
估 价：HKD 1,800,000~2,800,000
成交价：RMB 4,081,974
74.9cm×39.3cm×91.4cm 中国嘉德 2017-05-30

3508 明末清初 黄花梨雕人物鎏金铜件官皮箱
出版：伍嘉恩，《经典明朝家具：轻巧的袖珍寅》，《东方艺术》。
估 价：HKD 800,000~1,200,000
成交价：RMB 5,435,100
37cm×39.1cm×32.1cm 香港苏富比 2017-04-05

1066 明末清初 黄花梨有束腰罗锅枨马蹄足半桌
估 价：HKD 800,000~1,500,000
成交价：RMB 979,400
105cm×49cm×86cm 中国嘉德 2017-10-02

3528 明末清初 黄花梨雕龙圣旨箱
估 价：HKD 90,000~150,000
成交价：RMB 835,313
41.5cm×40.5cm×20cm
香港苏富比 2017-04-05

5133 明末清初 黄花梨无闩杆圆角柜
估 价：RMB 2,300,000~3,300,000
成交价：RMB 2,645,000
115cm×52cm×170.5cm 中国嘉德 2017-06-20

1016 明末清初 黄花梨凹面轿箱
估 价：HKD 160,000~260,000
成交价：RMB 440,730
12cm×71.5cm×17.5cm 中国嘉德 2017-10-02

650 16世纪/17世纪 黄花梨小炕桌
来源：嘉木堂，香港 玛丽·泰瑞莎·L·维勒泰珍藏。
估 价：USD 60,000~80,000
成交价：RMB 1,878,509
宽44.5cm 纽约佳士得 2017-03-16

3511 明末清初 黄花梨镶骨官皮箱
估 价：HKD 380,000~550,000
成交价：RMB 1,225,125
31cm×33.4cm×26cm 香港苏富比 2017-04-05

3522 明末清初 楠木瘿子黄花梨书箱（成对）
估 价：HKD 330,000~450,000
成交价：RMB 556,875
长49.6cm×2 香港苏富比 2017-04-05

3523 明末清初 黄花梨镶厚螺钿画匣
估 价：HKD 180,000~280,000
成交价：RMB 3,082,860
10.5cm×74cm×21cm 香港苏富比 2017-04-05

613 16世纪/17世纪 黄花梨三足圆香几
来源：1.马有光，通诚贸易公司；2.香港de Santos 家族珍藏；3.菲律宾玛丽·泰瑞莎·L·维勒泰 珍藏。
估 价：USD 400,000~600,000
成交价：RMB 40,458,853
高95.3cm；直径45.1cm
纽约佳士得 2017-03-16

150 17世纪 黄花梨圈椅（一对）
估 价：GBP 800,000~1,200,000
成交价：RMB 7,894,311
高91.5cm 伦敦佳士得 2017-11-07

2954 17世纪/18世纪 黄花梨四面平画案
著录：《洪氏所藏木器百图》，上册，纽约，1996年。
估　价：HKD 3,000,000~5,000,000
成交价：RMB 3,659,300
83.8cm × 198.2cm × 57.2cm 佳士得 2017-11-29

601 17世纪 黄花梨有束腰带托泥方凳（成对）
来源：嘉木堂，香港；玛丽·泰瑞莎·L·维勒泰珍藏。
估　价：USD 80,000~120,000
成交价：RMB 1,878,509
高51.1cm × 2 纽约佳士得 2017-03-16

685 17世纪 黄花梨有束腰三弯腿龙纹条桌
估　价：HKD 5,000,000~7,000,000
成交价：RMB 4,897,000
197cm × 60cm × 87cm 中国嘉德 2017-10-02

954 17世纪 黄花梨长方条桌
估　价：USD 250,000~350,000
成交价：RMB 2,111,197
长98.4cm 纽约佳士得 2017-09-14

627 17世纪 黄花梨灯台（及后配现代复制品一座）
来源：1.古斯塔夫·艾克珍藏，檀香山；2.C.P. Fitzgerald珍藏，悉尼；3.安思远珍藏，纽约；4.玛丽·泰瑞莎·L·维勒泰珍藏。
估　价：USD 120,000~180,000
成交价：RMB 6,278,993
高163.8cm 纽约佳士得 2017-03-16

628 17世纪 黄花梨夹头榫画案
来源：1.嘉木堂，香港；2.玛丽·泰瑞莎·L·维勒泰珍藏。
估　价：USD 1,000,000~1,500,000
成交价：RMB 11,675,813
83.2cm×219cm×62.9cm 纽约佳士得 2017-03-16

3646 17世纪/18世纪 黄花梨独板画案
估　价：HKD 1,000,000~1,500,000
成交价：RMB 3,967,400
82.5cm×219cm×59.8cm 香港苏富比 2017-10-03

606 17世纪 黄花梨炕柜成对
来源：嘉木堂，香港玛丽·泰瑞莎·L·维勒泰等珍藏 。
估　价：USD 120,000~180,000
成交价：RMB 2,957,873
高88.3cm×2 纽约佳士得 2017-03-16

612 17世纪 黄花梨顶箱柜
来源：1.经香港、伦敦等著名藏家收藏；2.纽约佳士得，1997年。
估　价：USD 400,000~600,000
成交价：RMB 7,109,273
252.7cm×114.3cm×57.2cm
纽约佳士得 2017-03-16

977 17世纪 黄花梨圆角柜
估　价：USD 200,000~300,000
成交价：RMB 3,048,061
高190.2cm 纽约佳士得 2017-09-14

3643 17世纪 黄花梨长方柜
估 价：HKD 500,000~700,000
成交价：RMB 1,556,250
112.8cm × 101.2cm × 48.5cm
香港苏富比 2017-10-03

604 17世纪 黄花梨火盆架
估 价：USD 30,000~50,000
成交价：RMB 951,363
高25.4cm；square40.6cm
纽约佳士得 2017-03-16

645 17世纪 紫檀天平架
估 价：USD 70,000~90,000
成交价：RMB 1,712,453
高76.5cm 纽约佳士得 2017-03-16

5129 清初 紫檀四面平蝙蝠纹条桌
出版：北京市文物局，《北京文物精粹大系·家具卷》101号，北京出版社，2003年，第155页。
估 价：RMB 9,600,000~15,000,000
成交价：RMB 11,270,000
160cm × 56.5cm × 93cm 中国嘉德 2017-12-21

1623 清早期 黄花梨螭龙聚宝纹架子床
估 价：RMB 2,500,000~3,500,000
成交价：RMB 3,392,500
226.5cm × 141cm × 228.5cm 上海匡时 2017-11-05

1098 清早期 榉木海棠花围子罗汉床
估 价：RMB 800,000~1,200,000
成交价：RMB 1,092,500
202cm × 89.5cm × 79cm 上海匡时 2017-11-05

1071 清早期 黄花梨束腰倭角器座
估　价：HKD 80,000~120,000
成交价：RMB 104,666
长24.5cm 中国嘉德 2017-05-30

5106 清初 黄花梨中牌子喜上眉梢衣架
估　价：RMB 200,000~300,000
成交价：RMB 1,380,000
73cm×29cm×137.5cm 中国嘉德 2017-12-21

1132 清早期 黄花梨五屏风龙纹图案镜台
估　价：RMB 2,600,000~2,800,000
成交价：RMB 2,990,000
55cm×39cm×92cm 上海匡时 2017-11-05

1622 清早期 黄花梨聚宝纹玫瑰椅成对
估　价：RMB 1,500,000~1,800,000
成交价：RMB 1,840,000
高89cm×2 上海匡时 2017-11-05

2095 清早期 黄花梨螭龙纹四柱架子床
估　价：RMB 6,800,000~8,000,000
成交价：RMB 8,970,000
221cm×142cm×218.5cm 中贸圣佳 2017-06-18

1601 清早期 黄花梨刀牙板书案
估 价：RMB 1,600,000~1,800,000
成交价：RMB 1,840,000
170cm × 46.5cm × 82.5cm
上海匡时 2017-11-05

1613 清早期 榉木螭龙纹翘头案
估 价：RMB 800,000~1,000,000
成交价：RMB 1,322,500
139cm × 64.5cm × 89cm 上海匡时 2017-11-05

2013 清早期 黄花梨南官帽椅
估 价：RMB 500,000~800,000
成交价：RMB 897,000
高95.5cm 北京荣宝 2017-06-02

2838 清早期 黄花梨玫瑰椅成对
成交价：RMB 1,127,000
高82cm × 2 中国嘉德 2017-09-03

1026 清早期 黄花梨南官帽椅成对
估 价：HKD 2,200,000~3,200,000
成交价：RMB 2,252,620
高110.5cm 中国嘉德 2017-10-02

1256 清早期 紫檀玫瑰椅（一对）
估 价：RMB 1,200,000~1,800,000
成交价：RMB 2,185,000
高79cm × 2 印千山 2017-07-09

2014 清早期 海南黄花梨素工内翻马蹄方桌
估 价：RMB 880,000~1,680,000
成交价：RMB 1,380,000
高84.6cm 南京嘉信 2017-01-08

2069 清早期 紫檀鼓腿膨牙有托泥方凳（一对）
估 价：RMB 1,800,000~2,300,000
成交价：RMB 2,702,500
高53cm×2 中贸圣佳 2017-06-18

2070 清早期 黄花梨禅凳
估 价：RMB 1,600,000~2,000,000
成交价：RMB 2,300,000
高54cm 中贸圣佳 2017-06-18

1030 清早期 黄花梨有束腰拐子纹八仙桌
估 价：HKD 1,200,000~2,200,000
成交价：RMB 4,407,300
83.5cm×94cm×94cm 中国嘉德 2017-10-02

691 清初 黄花梨带屉条桌
估 价：HKD 1,100,000~2,100,000
成交价：RMB 2,040,987
高71.1cm 中国嘉德 2017-05-30

2078 清早期 黄花梨可拆卸折叠方桌
估 价：RMB 1,800,000~2,500,000
成交价：RMB 2,990,000
高90cm 中贸圣佳 2017-06-18

117 清早期 黄花梨四出头官帽椅
估 价：RMB 1,200,000~2,200,000
成交价：RMB 1,610,000
高108cm 中国嘉德 2017-06-20

1022 清早期 黄花梨有束腰壶门牙板半桌
估 价：HKD 1,200,000~2,200,000
成交价：RMB 4,897,000
79cm × 85.5cm × 38cm
中国嘉德 2017-10-02

5119 清早期 黄花梨五屏风式花鸟纹镜台
估 价：RMB 400,000~600,000
成交价：RMB 667,000
55.5cm × 35cm × 71cm 中国嘉德 2017-06-20

664 清早期 紫檀有束腰马蹄足方桌
来源：潘祖尧旧藏。
估 价：HKD 3,000,000~5,000,000
成交价：RMB 3,139,980
高87cm 中国嘉德 2017-05-30

2083 清早期 黄花梨画案
估 价：RMB 3,500,000~4,500,000
成交价：RMB 4,600,000
225.5cm × 65.5cm × 81.5cm 中贸圣佳 2017-06-18

1020 清早期 黄花梨夹头榫画案
成交价：RMB 11,578,500
196cm × 84cm × 88cm 中国嘉德 2017-10-02

1057 清早期 黄花梨有束腰马蹄腿罗锅枨长条桌
估 价：HKD 2,500,000~3,500,000
成交价：RMB 2,448,500
193cm×50.5cm×87cm 中国嘉德 2017-10-02

5116 清早期 黄花梨夹头榫云纹牙头画案
估 价：RMB 2,200,000~3,200,000
成交价：RMB 2,645,000
167cm×66cm×82.5cm 中国嘉德 2017-06-20

5122 清早期 黄花梨架几案
估 价：RMB 1,500,000~2,500,000
成交价：RMB 1,725,000
176.6cm×28cm×89.8cm
中国嘉德 2017-06-20

1257 清早期 宫廷紫檀雕福寿八宝炕几
估 价：RMB 600,000~800,000
成交价：RMB 1,472,000
68cm×43cm×31cm 印千山 2017-07-09

5159 清早期 御制鹿角凭几
估 价：RMB 500,000~700,000
成交价：RMB 667,000
长52cm 北京保利 2017-06-06

5153 清初 铁力镶桦木面无束腰方香几
估 价：RMB 580,000~780,000
成交价：RMB 667,000
52.5cm×52.5cm×81.5cm
中国嘉德 2017-06-20

1053 清早期 黄花梨大方角柜
估 价：HKD 1,000,000~2,000,000
成交价：RMB 979,400
高183cm 中国嘉德 2017-10-02

733 清早期 黄花梨万历柜
估 价：RMB 600,000~800,000
成交价：RMB 747,500
高181cm 北京银座 2017-06-07

2031 清早期 黄花梨龙纹佛经柜
估　价：RMB 4,800,000~8,800,000
成交价：RMB 6,900,000
104.8cm×39.8cm×104cm 南京嘉信 2017-01-08

5178 清康熙 御制黄花梨鸾凤牡丹纹大顶箱柜成对
出版：《嘉德二十年精品录·家具工艺名表卷》，故宫出版社，2013年。
成交价：RMB 98,900,000
314cm×156.5cm×77.5cm×2 北京保利 2017-12-18

2003 清早期 黄花梨龙纹闷户橱
估　价：RMB 800,000~1,500,000
成交价：RMB 1,380,000
193.5cm×55.5cm×86.5cm
北京荣宝 2017-06-02

3514 清初 紫檀佛龛
估　价：HKD 150,000~250,000
成交价：RMB 2,227,500
27.8cm×18cm×13.8cm 香港苏富比 2017-04-05

3235 清康熙 御制填漆戗金双龙戏珠纹香几
估　价：HKD 600,000~800,000
成交价：RMB 665,250
高85cm 佳士得 2017-05-31

687 清康熙 黄花梨翻腿圆凳成对
估 价：HKD 2,300,000~3,300,000
成交价：RMB 2,616,650
47.3cm × 43.7cm × 2 中国嘉德 2017-05-30

144 清康熙 铜胎掐丝珐琅高束腰香几
估 价：RMB 3,500,000~4,500,000
成交价：RMB 4,025,000
高78.2cm 中贸圣佳 2017-06-18

1507 清乾隆 紫檀嵌掐丝珐琅海屋添筹纹宝瓶式座屏
估 价：RMB 3,000,000~4,000,000
成交价：RMB 4,600,000
高61cm 北京东正 2017-12-09

212 清乾隆 紫檀嵌三色玉百宝箱
估 价：RMB 1,800,000~2,800,000
成交价：RMB 2,070,000
高27.1cm 保利华谊 2017-12-08

3192 清乾隆 剔红嵌掐丝珐琅五谷丰登纹插屏
估 价：RMB 2,200,000~2,600,000
成交价：RMB 2,530,000
59.5cm × 24cm × 50cm（连座）
北京匡时 2017-12-03

692 清康熙 黄花梨四面平条桌
出版：《洪氏所藏木器百图》第二卷，图34。
估 价：HKD 2,300,000~3,300,000
成交价：RMB 2,511,984
高87cm 中国嘉德 2017-05-30

2090 清康熙 黑漆螺钿人物故事图方角柜
估 价：RMB 800,000~1,200,000
成交价：RMB 1,552,500
83cm×41.5cm×115.3cm 中贸圣佳 2017-06-18

5146 清康熙 黑漆嵌百宝花鸟方柜（一对）
备注：法国马斯-伊维尔伉俪旧藏。
估 价：RMB 3,600,000~5,600,000
成交价：RMB 4,370,000
高135cm×2 北京保利 2017-06-06

2535 清乾隆 紫檀嵌楠木雕花鸟图屏（一对）
估 价：RMB 900,000~1,200,000
成交价：RMB 1,035,000
直径70.5cm×2 北京匡时 2017-12-03

1624 清乾隆 紫檀犀皮漆面嵌瓷官造书桌
估 价：RMB 1,800,000~2,600,000
成交价：RMB 2,587,500
154.5cm×61cm×83.5cm
上海匡时 2017-11-05

976 清康熙 科罗曼德尔漆画屏风（十二屏）
估　价：USD 150,000~250,000
成交价：RMB 1,301,200
276.7cm×52.5cm×12 纽约佳士得 2017-09-14

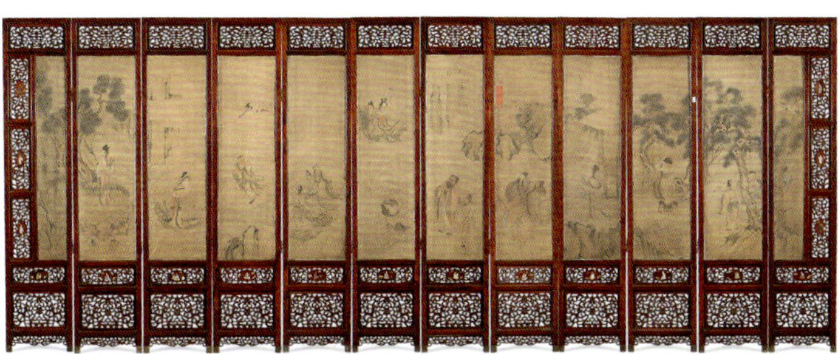

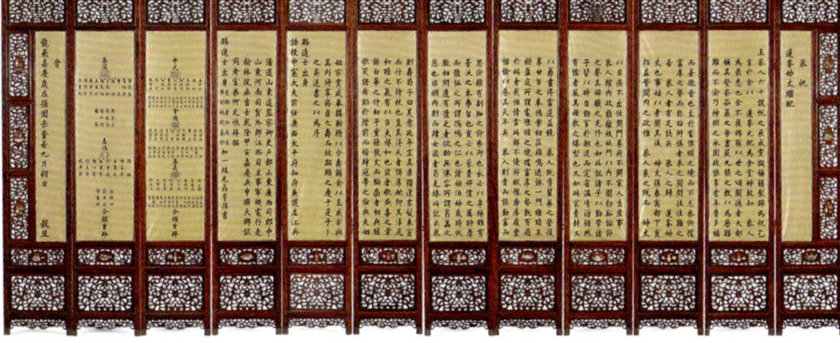

5177 清乾隆 黄花梨百宝嵌诗文十二扇屏
估　价：RMB 4,200,000~6,200,000
成交价：RMB 6,325,000
175cm×43.8cm×12 北京保利 2017-12-18

1618 清乾隆 紫檀嵌五彩螺钿山水纹大挂屏成对
估　价：RMB 1,500,000~1,800,000
成交价：RMB 2,070,000
106.3cm×70cm×2 上海匡时 2017-11-05

1368 清乾隆 紫檀御制龙纹盖盒
估　价：RMB 400,000~600,000
成交价：RMB 529,000
长27cm 上海敬华 2017-07-01

1009 清乾隆 紫檀有束腰带托泥长方凳
估　价：HKD 1,200,000~2,200,000
成交价：RMB 1,175,280
高51cm 中国嘉德 2017-10-02

258 清乾隆 紫檀雕卧蚕纹条桌
估　价：RMB 1,300,000~1,600,000
成交价：RMB 1,955,000
长127cm 上海明轩 2017-06-30

5158 清乾隆 鸡翅木雕夔龙回纹平头案
估　价：RMB 800,000~1,200,000
成交价：RMB 1,035,000
187.5cm×44cm×86cm
北京保利 2017-06-06

5197 清乾隆 御制紫檀重檐庑殿顶三间式大佛龛
备注：美国西海岸贵族旧藏。
估 价：RMB 5,000,000~8,000,000
成交价：RMB 9,775,000
122cm×55cm×100cm 北京保利 2017-12-18

5123 清乾隆 黄花梨龙纹中牌子大衣架
成交价：RMB 39,100,000
219.5cm×60cm×193.5cm 中国嘉德 2017-06-20

5140 清乾隆 御制紫檀满工小方花几
备注：纽约佳士得，2012年。
估 价：RMB 600,000~800,000
成交价：RMB 862,500
38.5cm×38.5cm×46.5cm
北京保利 2017-06-06

897 清乾隆 紫檀嵌银丝镶百宝花鸟纹长方盒
估 价：RMB 500,000~700,000
成交价：RMB 747,500
长26.4cm；高10.1cm 观唐皕榷 2017-01-12

121 清乾隆 紫檀有束腰展腿雕龙纹带托泥方几
估 价：RMB 2,000,000~2,800,000
成交价：RMB 3,162,500
高84.5cm 中贸圣佳 2017-06-18

261 清乾隆 紫檀嵌粉彩瓷片多宝格（一对）
估　价：RMB 1,300,000~1,700,000
成交价：RMB 2,760,000
高57cm×2 上海明轩 2017-06-30

5150 清乾隆 紫檀吐水金鱼座宫灯成对
估　价：RMB 6,000,000~9,000,000
成交价：RMB 6,900,000
39.5cm×39.5cm×118cm×2 中国嘉德 2017-06-20

122 清乾隆 剔红释迦牟尼佛说法图经匣
估　价：EUR 15,000~25,000
成交价：RMB 4,366,468
高36.9cm 巴黎苏富比 2017-06-22

140 清乾隆 鎏金铜双龙戏珠纹折迭式案架“臣于敏中”款
估　价：EUR 15,000~20,000
成交价：RMB 2,441,096
宽50cm 巴黎苏富比 2017-06-22

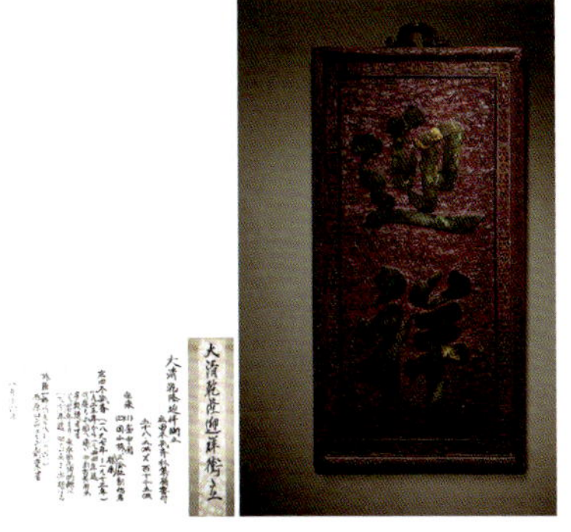

109 清乾隆 朱漆剔红嵌碧玉御笔万福“迎祥”大挂屏
来源：传日本东京壶中居旧藏。
估　价：RMB 800,000~1,200,000
成交价：RMB 2,357,500
高112.5cm 北京中汉 2017-05-21

3627 清乾隆 紫檀嵌瓷饰芙蓉石御题“菊花”转心插屏
“乾隆宸翰”、“惟精惟一”印
估 价：HKD 2,000,000~3,000,000
成交价：RMB 2,869,020
高78.5cm 香港苏富比 2017-04-05

3617 清乾隆 御题墨白玉周子爱莲插屏连 紫檀座
估 价：HKD 2,000,000~3,000,000
成交价：RMB 3,668,600
玉：23cm×16.7cm 香港苏富比 2017-10-03

6 清乾隆 碧玉雕老子出关图插屏
来源：1.伦敦苏富比，1961年；2.Spink & Son，伦敦；3.伦敦佳士得，1969年。
估 价：EUR 150,000~250,000
成交价：RMB 8,308,895
32.3cm×25.5cm 巴黎苏富比 2017-06-22

5139 清乾隆 御制紫檀框漆地嵌玉诗文双面挂屏（一对）
估 价：RMB 800,000~1,200,000
成交价：RMB 920,000
90cm×20cm×2 北京保利 2017-06-06

105 清道光 广绣群仙祝寿图屏
估 价：RMB 600,000~800,000
成交价：RMB 1,092,500
110cm×158cm 北京东正 2017-06-08

5107 清乾隆 紫檀框明黄色地双面缂丝仙山楼阁五扇屏风
估 价：RMB 4,500,000~6,500,000
成交价：RMB 5,290,000
261cm×237cm 北京保利 2017-06-06

677 清嘉庆 象牙油彩插屏（一对）
估 价：HKD 1,800,000~2,500,000
成交价：RMB 1,762,920
屏21cm×17cm×2 北京匡时 2017-10-02

4819 清中期 紫檀百宝嵌拜盒
估 价：RMB 450,000~650,000
成交价：RMB 517,500
32.2cm×16.5cm×5.5cm
中国嘉德 2017-06-19

1048 清中期 榉木制有束腰榻
著录：《凿枘工巧·中国古卧具》，文物出版社。
估 价：RMB 500,000~800,000
成交价：RMB 575,000
203cm×64.5cm×44.5cm
北京东正 2017-06-08

3867 清中期 黄花梨如意云肩翘头案
估 价：RMB 1,800,000~2,600,000
成交价：RMB 2,070,000
217cm×47cm×87cm 北京荣宝 2017-12-02

380 清中期 紫檀上格双层书柜（成对）
估 价：RMB 3,000,000~5,000,000
成交价：RMB 2,875,000
高170cm×2 北京银座 2017-12-20

104 清道光 广绣灵禽瑞兽八扇屏
估　价：RMB 300,000~400,000
成交价：RMB 471,500
16cm×57cm×8 北京东正 2017-06-08

1621 清中期 紫檀八角香几成对
估　价：RMB 800,000~1,100,000
成交价：RMB 920,000
高87cm×2 上海匡时 2017-11-05

738 清中期 黄花梨四出头官帽椅（一对）
估　价：RMB 1,200,000~1,800,000
成交价：RMB 1,610,000
高116cm×2 北京银座 2017-06-07

1129 清中期 紫檀木有束腰三屉桌
估　价：RMB 1,200,000~1,500,000
成交价：RMB 1,610,000
121.5cm×58cm×87cm 上海匡时 2017-11-05

5151 清中期 红木嵌理石面坐墩（一组4件）
估　价：RMB 200,000~300,000
成交价：RMB 345,000
高51cm 中国嘉德 2017-06-20

1721 清中期 紫檀四方八仙桌
估　价：RMB 1,200,000~1,800,000
成交价：RMB 1,725,000
96.5cm×88cm 北京东正 2017-06-08

1013 清中期 紫檀圈椅
估 价：HKD 800,000~1,200,000
成交价：RMB 1,958,800
高100cm 中国嘉德 2017-10-02

2067 清中期 紫檀玉璧纹西番莲纹绣墩（一对）
估 价：RMB 1,600,000~2,000,000
成交价：RMB 1,955,000
高52cm×2 中贸圣佳 2017-06-18

3877 清 黄花梨南官帽椅（一对）
估 价：RMB 1,000,000~1,500,000
成交价：RMB 1,265,000
高112cm×2 北京荣宝 2017-12-02

1021 清中期 黄花梨有闩杆带座圆角柜
估 价：HKD 2,600,000~3,600,000
成交价：RMB 2,644,380
高186.5cm 中国嘉德 2017-10-02

610 清中期 识文描金风景提匣
估 价：RMB 250,000~550,000
成交价：RMB 460,000
37.6cm×32.9cm 观唐皕榷 2017-01-11

5155 清中期 紫檀雕龙纹座式镜架
估 价：RMB 600,000~800,000
成交价：RMB 747,500
37.5cm×23.5cm 北京保利 2017-06-06

2061 清中期 紫檀框漆嵌虬角访友图座屏
估 价：RMB 2,200,000~2,800,000
成交价：RMB 2,530,000
84.5cm×38.5cm×115cm 中贸圣佳 2017-06-18

6219 清 沥粉金漆龙凤盝顶箱（一对）
估 价：RMB 600,000~800,000
成交价：RMB 690,000
长47.5cm×2 北京保利 2017-12-19

1597 清 黄花梨小马蹄方凳成对
估 价：RMB 800,000~1,000,000
成交价：RMB 920,000
高50cm×2 上海匡时 2017-11-05

2528 清 翡翠雕西湖景色插屏
估 价：RMB 1,350,000~1,500,000
成交价：RMB 1,552,500
20.5cm×13.2cm 北京匡时 2017-12-03

1443 清 黄花梨圆包圆双圈卡子花方桌
估 价：RMB 360,000~480,000
成交价：RMB 1,265,000
高85cm 北京匡时 2017-03-30

1603 清 缠枝莲纹紫檀随形座
成交价：RMB 207,000
长29cm 中贸圣佳 2017-06-18

2094 清 黄花梨寿字纹南官帽椅（一对）
估　价：RMB 3,500,000~4,000,000
成交价：RMB 5,290,000
高116cm×2 中贸圣佳 2017-06-18

2093 清 天然木方桌
估　价：RMB 1,000,000~1,500,000
成交价：RMB 1,437,500
高120cm 中贸圣佳 2017-06-18

742 清 紫檀雕西番莲镶鎏金铜包角条桌
估　价：RMB 1,800,000~2,200,000
成交价：RMB 2,530,000
长128cm 北京银座 2017-06-07

2084 清 黄花梨龙纹翘头案
估　价：RMB 1,800,000~2,500,000
成交价：RMB 2,300,000
215cm×48.4cm×91cm 中贸圣佳 2017-06-18

122 清 山中商会旧藏云龙纹扶手椅（一对）
估　价：RMB 6,800,000~8,000,000
成交价：RMB 7,820,000
高88.8cm×2 中贸圣佳 2017-06-18

2092 清 天然木扶手椅（一对）
估 价：RMB 1,000,000~1,500,000
成交价：RMB 1,322,500
高97.5cm×2 中贸圣佳 2017-06-18

5186 清 黑漆描金凤凰牡丹图亮格柜（一对）
估 价：RMB 1,000~2,000
成交价：RMB 805,000
高180cm×2 中国嘉德 2017-04-01

2035 清 黄花梨雕龙纹顶箱柜（一对）
成交价：RMB 8,625,000
高243cm×2 南京嘉信 2017-01-08

2087 清 黄花梨圆角柜
估 价：RMB 2,800,000~3,500,000
成交价：RMB 3,795,000
102.5cm×47cm×196cm 中贸圣佳 2017-06-18

1617 清 卢葵生制黄花梨剔红嵌宝八屏风
估 价：RMB 3,800,000~4,800,000
成交价：RMB 5,175,000
428.5cm × 251cm × 8 上海匡时 2017-11-05

120 清 紫檀嵌百宝御题诗饲鱼图插屏
来源：文物商店旧藏。
估 价：RMB 1,600,000~2,000,000
成交价：RMB 2,357,500
高33cm 中贸圣佳 2017-06-18

3787 清 黄花梨嵌紫檀花鸟纹柜（一对）
估 价：RMB 800,000~1,000,000
成交价：RMB 1,012,000
高174cm × 2 北京匡时 2017-06-04

737 清 黄花梨面条柜（一对）
估 价：RMB 1,200,000~1,800,000
成交价：RMB 1,610,000
高164cm × 2 北京银座 2017-06-07

2952 18世纪 黄花梨独板架几案
估 价：HKD 5,000,000~7,000,000
成交价：RMB 4,680,500
宽237.5cm 佳士得 2017-11-29

2096 清 黄花梨瑞兽纹围屏（十二扇）
估 价：RMB 3,800,000~4,500,000
成交价：RMB 4,830,000
280cm × 55.5cm × 12 中贸圣佳 2017-06-18

2949 18世纪 黄花梨六角南官帽椅（一对）
估 价：HKD 2,400,000~4,000,000
成交价：RMB 7,437,740
高85cm × 2 佳士得 2017-11-29

643 18世纪 紫檀独板围子罗汉床
来源：1.陈胜记，香港 寒舍；2.台北 恒艺馆；3.香港 玛丽·泰瑞莎·L·维勒泰珍藏。
估 价：USD 2,000,000~3,000,000
成交价：RMB 24,960,293
219.7cm × 128.3cm × 73.7cm 纽约佳士得 2017-03-16

1491 18世纪 紫檀嵌八宝耕织图挂屏
估 价：RMB 800,000~1,800,000
成交价：RMB 2,300,000
长约125cm 上海匡时 2017-11-05

671 18世纪 黄花梨药箱
估 价：USD 15,000~25,000
成交价：RMB 415,140
高38.1cm 纽约佳士得 2017-03-16

1113 18世纪 紫檀雕九龙纹如意形盖盒
估 价：USD 40,000~60,000
成交价：RMB 864,875
长46.1cm 纽约佳士得 2017-03-17

947 18世纪 紫檀圈椅（一对）
估　价：USD 300,000~500,000
成交价：RMB 5,156,005
高89.6cm×2 纽约佳士得 2017-09-14

640 明末/18世纪 紫檀四出头官帽椅成对
来源：1.陈胜记；2.恒艺馆；3.玛丽·泰瑞莎·L·维勒泰 珍藏
估　价：USD 800,000~1,200,000
成交价：RMB 13,336,373
116.2cm×62.2cm×54.6cm×2 纽约佳士得 2017-03-16

664 18世纪 铁梨木有翘头条几
估　价：USD 40,000~60,000
成交价：RMB 1,629,425
91.4cm×229.2cm×52.7cm 纽约佳士得 2017-03-16

644 18世纪 紫檀罗锅枨方凳（成对）
估　价：USD 350,000~550,000
成交价：RMB 2,542,733
长41.9cm×2 纽约佳士得 2017-03-16

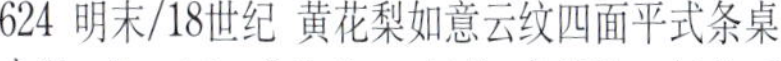

624 明末/18世纪 黄花梨如意云纹四面平式条桌
来源：Pan Asian Collection，纽约 安思远，纽约 玛丽·泰瑞莎·L·维勒泰（1923—2015）珍藏
估　价：USD 200,000~300,000
成交价：RMB 6,694,133
宽138.2cm 纽约佳士得 2017-03-16

642 清初17/18世纪 紫檀条桌
来源：恒艺馆，香港 玛丽·泰瑞莎·L·维勒泰（1923—2015）珍藏。
估　价：USD 250,000~350,000
成交价：RMB 4,618,433
宽89.5cm 纽约佳士得 2017-03-16

3709 18世纪 紫檀嵌百宝百鸟朝凰挂屏
估 价：HKD 800,000~1,200,000
成交价：RMB 1,867,500
香港苏富比 2017-10-03

5958 18世纪 雕填戗金云龙花鸟八扇围屏（一套）
“大清康熙御制”款
估 价：RMB 1,600,000~2,600,000
成交价：RMB 1,840,000
360cm × 205cm 北京保利 2017-06-07

962 19世纪 紫檀顶箱柜
估 价：USD 550,000~750,000
成交价：RMB 3,906,853
239.8cm × 114.3cm × 54.4cm 纽约佳士得 2017-09-14

316 19世纪 沉香木雕海水楼阁纹万花镜
估 价：GBP 15,000~25,000
成交价：RMB 2,405,667
高79cm 伦敦佳士得 2017-05-12

5624 约19世纪末20世纪初 欧洲制中国风格大漆百子图书柜
估 价：RMB 2,200,000~2,600,000
成交价：RMB 2,530,000
高143cm 北京匡时 2017-12-04

2001 民国 黄花梨“卍”字纹六柱架子床
估 价：RMB 800,000~1,500,000
成交价：RMB 920,000
219cm × 150cm × 230cm 北京荣宝 2017-06-02

224 清雍正 黄花梨火盆架
估 价：RMB 1,500,000~2,000,000
成交价：RMB 1,725,000
44cm × 44cm × 50.5cm 保利华谊 2017-12-08

1913 民国 珐琅墨彩花鸟纹砚屏
估　价：RMB 1,200,000~1,500,000
成交价：RMB 1,380,000
高28.5cm 北京华辰 2017-06-05

5115 清中 紫檀高束腰条桌
出版：田家青《清代家具》修订本，文物出版社，2012年，第166–167页。
估　价：RMB 5,500,000~9,000,000
成交价：RMB 11,500,000
160.5cm×41.7cm×88.8cm 中国嘉德 2017-12-21

183 元-明 黑漆嵌螺钿戏曲故事香几
估　价：RMB 1,000,000~1,500,000
成交价：RMB 1,495,000
58.6cm×37.4cm 保利华谊 2017-12-08

1835 民国 黄花梨雕云龙席面罗汉榻
估　价：RMB 400,000
成交价：RMB 575,000
210cm×128cm×95cm 北京翰海 2017-01-08

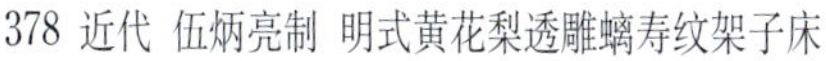

378 近代 伍炳亮制 明式黄花梨透雕螭寿纹架子床
估　价：RMB 3,000,000~6,000,000
成交价：RMB 3,450,000
222cm×156cm×228.5cm 北京银座 2017-12-20

7683 明式黄花梨有束腰展腿式半桌
估　价：RMB 2,800,000~3,800,000
成交价：RMB 3,220,000
长112cm 北京保利 2017-12-20

6232 清雍正 紫檀六方灯架（一对）
估　价：RMB 1,200,000~2,200,000
成交价：RMB 1,380,000
高196cm×2 北京保利 2017-12-19

2048 紫檀龙纹宝座
估　价：RMB 780,000~1,680,000
成交价：RMB 1,092,500
124cm×76cm×125cm 南京嘉信 2017-01-08

1570 清雍正 御制紫檀描金百福纳吉扶手椅
估　价：RMB 2,500,000~3,500,000
成交价：RMB 3,220,000
高104cm 北京东正 2017-06-08

2068 清中早期 黄花梨拐子纹四面平式方凳（一对）
估　价：RMB 1,000,000~1,300,000
成交价：RMB 1,207,500
高49.5cm×2 中贸圣佳 2017-06-18

1715 紫檀嵌孔雀石条案（桌）
估　价：RMB 600,000~800,000
成交价：RMB 1,058,000
153cm×44cm×83cm 北京东正 2017-06-08

2091 清中早期 彩漆戗金缠枝莲双螭纹多宝格
估　价：RMB 500,000~800,000
成交价：RMB 575,000
93.2cm×25.3cm×92.2cm
中贸圣佳 2017-06-18

572 北齐 白石高浮雕造像碑
估　价：HKD 2,400,000~2,850,000
成交价：RMB 3,028,470
高34cm 中濠典藏 2017-05-23

577 东魏 白石菩萨头像
估　价：HKD 2,600,000~3,300,000
成交价：RMB 3,446,190
高65cm 中濠典藏 2017-05-23

3531 张松茂 粉彩“五上黄山”山水挂屏（一组4件）
估　价：RMB 1,200,000~1,600,000
成交价：RMB 2,070,000
30cm×21cm×4 北京匡时 2017-06-04

## 佛教文物

529 北魏孝昌2年（公元526年） 比丘法兴造释迦（三尊）
来源：大阪藤田美术馆珍藏，入藏于1940年前。
估　价：USD 600,000~800,000
成交价：RMB 40,458,853
高60.6cm 纽约佳士得 2017-03-15

573 北齐 白石菩萨立像
估　价：HKD 4,000,000~5,000,000
成交价：RMB 5,221,500
高105cm 中濠典藏 2017-05-23

580 东魏 三尊佛碑像
估　价：HKD 1,200,000~1,700,000
成交价：RMB 1,775,310
高82cm 中濠典藏 2017-05-23

531 隋 彩绘砂岩雕四面造像碑
来源：大阪藤田美术馆珍藏，入藏于1940年前。
估　价：USD 80,000~100,000
成交价：RMB 518,925
高58.1cm 纽约佳士得 2017-03-15

571 北齐 青石思维菩萨
估　价：HKD 2,800,000~3,500,000
成交价：RMB 2,924,040
高56cm 中濠典藏 2017-05-23

581 隋 青石菩萨立像
估　价：HKD 2,800,000~3,300,000
成交价：RMB 3,446,190
高55cm 中濠典藏 2017-05-23

1071 7世纪/8世纪 铜释迦牟尼立像（错银）
估　价：RMB 1,800,000~2,600,000
成交价：RMB 1,840,000
高25.5cm 华艺国际 2017-11-25

584 唐 白石菩萨身（残）
估 价：HKD 1,200,000~1,800,000
成交价：RMB 1,879,740
高63cm 中濠典藏 2017-05-23

1032 7世纪/8世纪 铜莲花手观音（错银错红铜）
来源：1.香港艺兴堂旧藏；2.纽约佳士得，1998年；3.台湾辽楼居旧藏。出版：1.《海外回流西藏文物精粹》，文物出版社，2012年；2.《佛韵——造像艺术集粹》，文物出版社，2013年，；3.《佛住香山》，文物出版社，2013年。
成交价：RMB 10,350,000
高15cm 华艺国际 2017-05-27

2803 唐 鎏金铜杨柳观音立像
来源：日本私人珍藏，入藏于1960年代。
估 价：HKD 1,800,000~2,800,000
成交价：RMB 1,969,140
高25.5cm 佳士得 2017-05-31

5365 10世纪/11世纪 文殊菩萨
估 价：RMB 7,000,000~8,000,000
成交价：RMB 9,430,000
高18.5cm 北京匡时 2017-12-04

1018 唐开元8年（720年） 石雕阿弥陀佛坐像
估 价：USD 60,000~80,000
成交价：RMB 1,037,850
高49cm 纽约佳士得 2017-03-17

328 10世纪/11世纪 自在观音
估 价：HKD 2,000,000~2,400,000
成交价：RMB 3,763,220
高13cm 香港翰海 2017-10-05

1051 辽 铜鎏金观音菩萨立像
估 价：RMB 2,500,000~3,000,000
成交价：RMB 3,220,000
高22.5cm 华艺国际 2017-11-25

1027 11世纪 铜金刚萨埵（错银错红铜）
来源：欧洲私人收藏，提供1997年发票。
估 价：RMB 4,500,000~6,000,000
成交价：RMB 6,670,000
高22cm 华艺国际 2017-11-25

338 11世纪 莲花手观音
估 价：HKD 8,000,000~10,000,000
成交价：RMB 9,835,500
高68cm 香港翰海 2017-10-05

16 11世纪 库基哈尔，帕拉时期，索纳理库基哈尔佛像
估 价：HKD 8,000,000~12,000,000
成交价：RMB 18,177,000
高39cm 邦瀚斯 2017-10-03

331 11-12世纪 不动明王
估 价：HKD 1,500,000~1,800,000
成交价：RMB 2,392,060
高19.5cm 香港翰海 2017-10-05

10 12世纪晚期 / 13世纪早期 云南，大理国，大黑天铜像
估 价：HKD 2,000,000~3,000,000
成交价：RMB 8,814,600
高41.5cm 邦瀚斯 2017-10-03

3126 11世纪/12世纪 东印度帕拉铜合金错银及红铜作明佛母像
估 价：HKD 1,000,000~1,500,000
成交价：RMB 1,867,500
高17.6cm 香港苏富比 2017-10-03

326 11世纪/12世纪 释迦牟尼
估 价：HKD 1,500,000~2,000,000
成交价：RMB 7,876,700
高28.5cm 香港翰海 2017-10-05

3352 11世纪/12世纪 西藏合金铜释迦牟尼佛站像
成交价：RMB 58,650,000
高92cm 中国嘉德 2017-06-20

1327 12世纪 西夏遗珍传世九股金刚杵
估 价：RMB 1,200,000~1,500,000
成交价：RMB 1,265,000
长16.6cm 北京东正 2017-06-08

1827 元 宫廷 绿度母造像
估　价：RMB 1,000,000~1,200,000
成交价：RMB 3,220,000
高19cm 北京翰海 2017-06-03

2805 元 天历二年（1329年）或更早 漆金铜橛金刚坐像
来源：20世纪90年代购于日本。
估　价：HKD 600,000~800,000
成交价：RMB 3,033,540
高25.5cm 佳士得 2017-05-31

3135 元至明洪武 鎏金铜弥勒佛立像
来源：纽约苏富比2007年9月21日，编号24。
估　价：HKD 20,000,000~30,000,000
成交价：RMB 20,003,000
高116.8cm 香港苏富比 2017-10-03

5353 13世纪 阿閦佛
估　价：RMB 1,500,000~2,000,000
成交价：RMB 2,242,500
高43.5cm 北京匡时 2017-12-04

17 13世纪 西藏 错银错红铜释迦牟尼铜像
估　价：HKD 2,400,000~3,000,000
成交价：RMB 2,440,200
高38cm 邦瀚斯 2017-10-03

3778 13世纪 合金铜释迦牟尼坐像
估　价：RMB 2,800,000~4,200,000
成交价：RMB 5,577,500
高50cm 西泠拍卖 2017-07-16

2804 13世纪/14世纪 西藏鎏金铜嵌银释迦牟尼佛坐像
成交价：RMB 45,183,780
高40cm 佳士得 2017-05-31

1347 13世纪/14世纪 八明王面九股金刚杵
成交价：RMB 1,955,000
长21.4cm 北京东正 2017-06-08

3114 13世纪/14世纪 西藏鎏金铜错银及红铜释迦牟尼佛坐像
估 价：HKD 2,000,000~3,000,000
成交价：RMB 2,174,600
高23.2cm 香港苏富比 2017-10-03

3104 13世纪/14世纪 西藏铜错银及红铜不动明王立像
估 价：HKD 1,800,000~2,800,000
成交价：RMB 1,971,250
高39.7cm 香港苏富比 2017-10-03

323 13世纪/14世纪 达隆噶举派上师
估 价：HKD 4,200,000~5,500,000
成交价：RMB 4,546,740
高71cm 香港翰海 2017-10-05

3315 13世纪/14世纪 迦舍摩罗 尼泊尔铜鎏金四臂观音（嵌银嵌松石）
来源：英国Rossi & Rossi旧藏。
成交价：RMB 21,850,000
高43.8cm 中国嘉德 2017-12-18

20 14世纪 西藏 铜鎏金无量寿佛坐像
估　价：HKD 2,400,000~3,000,000
成交价：RMB 4,033,800
高30.5cm 邦瀚斯 2017-10-03

936 14世纪 丹萨替风格铜鎏金金刚手菩萨与大成就者像
估　价：RMB 1,800,000~2,800,000
成交价：RMB 4,370,000
高30.5cm 保利厦门 2017-06-25

1037 14世纪 铜鎏金帝释天与明妃像
估　价：RMB 4,800,000~6,000,000
成交价：RMB 5,520,000
高19cm 华艺国际 2017-11-25

3070 14世纪 金刚萨埵和四臂观音唐卡
估　价：RMB 800,000~1,000,000
成交价：RMB 1,380,000
60cm×32cm 古天一 2017-06-07

3123 14世纪/15世纪 西藏中部鎏金铜丹萨替寺胜乐金刚像
估　价：HKD 8,000,000~12,000,000
成交价：RMB 7,851,800
高31.5cm 香港苏富比 2017-10-03

3122 14世纪 玛拉皇朝 尼泊尔鎏金铜文殊菩萨坐像
估 价：HKD 15,000,000~25,000,000
成交价：RMB 14,525,000
高29.1cm 香港苏富比 2017-10-03

1487 14世纪 铜鎏金白度母像
出版：《东去西来-11-14世纪藏传金铜佛像精品展》2016年，北京文物出版社，第128页。
估 价：RMB 15,000,000~20,000,000
成交价：RMB 23,000,000
高56cm 北京东正 2017-06-08

5813 14世纪 那迦龙王
估 价：RMB 1,800,000~2,800,000
成交价：RMB 2,760,000
高35.5cm 北京保利 2017-06-07

5816 14世纪/15世纪 大随求佛母
备注：欧洲重要私人珍藏。
著录：《印度与西藏的铜造像》乌尔里希·冯·施罗德 著，图114E。
成交价：RMB 34,500,000
高32cm 北京保利 2017-06-07

3071 14世纪/15世纪 摧破金刚像
估　价：RMB 2,200,000~2,600,000
成交价：RMB 3,335,000
高22.5cm 古天一 2017-06-07

5814 14世纪/15世纪 四供养天女雕刻饰板
估　价：RMB 1,500,000~2,000,000
成交价：RMB 2,932,500
宽38cm 北京保利 2017-06-07

1488 明早期 铜地藏菩萨像
估　价：RMB 800,000~1,200,000
成交价：RMB 1,840,000
高43cm 北京东正 2017-06-08

3143 明永乐 鎏金铜释迦牟尼佛坐像
“大明永乐年施”款
备注：美国私人收藏。
估　价：HKD 6,000,000~8,000,000
成交价：RMB 7,553,000
高20.2cm 香港苏富比 2017-10-03

3136 明永乐 释迦牟尼佛坐像石碑
估　价：HKD 8,000,000~12,000,000
成交价：RMB 8,051,000
49cm×34.3cm 香港苏富比 2017-10-03

3211 明永乐 铜鎏金舞菩萨（一对）
“大明永乐年施”款
估　价：HKD 5,500,000~7,500,000
成交价：RMB 5,386,700
高16.7cm；高16.8cm 保利香港 2017-10-02

3204 明永乐 铜鎏金胜乐金刚
“大明永乐年施”款
来源：1.英国重要藏家 Speelman旧藏；2.香港苏富比，2006年。
估 价：HKD 22,000,000~28,000,000
成交价：RMB 51,908,200
高21cm 保利香港 2017-10-02

3208 明永乐 铜鎏金吉祥喜金刚
“大明永乐年施”款
来源：1.英国重要藏家Speelman旧藏；2.香港苏富比，2006年。
估 价：HKD 25,000,000~35,000,000
成交价：RMB 46,031,800
高21.3cm 保利香港 2017-10-02

6037 明永乐 绿度母
“大明永乐年施”六字楷书款
估 价：RMB 3,000,000~5,000,000
成交价：RMB 3,450,000
高21.6cm 北京保利 2017-06-07

1020 明永乐 铜漆金阿弥陀佛
估 价：RMB 2,000,000~2,800,000
成交价：RMB 3,565,000
高48.5cm 华艺国际 2017-11-25

3206 明永乐 铜鎏金大威德金刚
“大明永乐年施”款
来源：1.佳士得伦敦，1977年；2.英国重要藏家Speelman旧藏；3.香港苏富比，2006年。
估 价：HKD 50,000,000~70,000,000
成交价：RMB 109,692,800
高20cm 保利香港 2017-10-02

3202 明永乐 铜鎏金绿度母
“大明永乐年施”款
估 价：HKD 4,500,000~5,500,000
成交价：RMB 10,283,700
高19cm 保利香港 2017-10-02

1482 明永乐 铜鎏金弥勒菩萨像
“大明永乐年施”款
估 价：RMB 8,000,000~10,000,000
成交价：RMB 8,625,000
高21cm 北京东正 2017-06-08

923 明永乐 铜鎏金四臂观音
“大明永乐年施”款
估 价：RMB 3,800,000~4,800,000
成交价：RMB 4,830,000
高18cm 保利厦门 2017-06-25

3207 明永乐 铜鎏金文殊菩萨
“大明永乐年施”款
估 价：HKD 4,500,000~5,500,000
成交价：RMB 11,752,800
高19.4cm 保利香港 2017-10-02

3203 明永乐 铜鎏金转轮王自在观音
“大明永乐年施” 款
来源：苏富比伦敦，2007年。
估 价：HKD 6,500,000~8,500,000
成交价：RMB 14,691,000
高18.4cm 保利香港 2017-10-02

2806 明永乐 鎏金铜鱼龙形三足供座
“大明永乐年施”楷书刻款
来源：1.平野古陶轩，东京；2.日本私人珍藏。
估 价：HKD 450,000~600,000
成交价：RMB 1,436,940
高15cm 佳士得 2017-05-31

2807 明宣德 御制鎏金铜四臂文殊菩萨坐像
“大明宣德年施”楷书刻款
来源：法国私人收藏，入藏于1960年代初。
估 价：HKD 5,500,000~8,000,000
成交价：RMB 8,568,420
高25.5cm 佳士得 2017-05-31

5200 明宣德 铜鎏金观世音菩萨坐像
“大明宣德年施”款
备注：美国重要私人收藏。
成交价：RMB 23,575,000
高 74cm；重45.2kg 北京保利 2017-12-18

3124 明宣德 鎏金铜四面八臂金刚瑜伽女立像
“大明宣德年施”款
来源：1.传 Vérité 收藏；2.香港苏富比，2010年。
估 价：HKD 25,000,000~30,000,000
成交价：RMB 24,827,375
高36.1cm 香港苏富比 2017-10-03

2811 明万历（1582年） 御用监造局部鎏金银锤胎经变图簋式炉
估 价：HKD 2,000,000~3,000,000
成交价：RMB 4,843,020
宽39.5cm 佳士得 2017-05-31

759 明 铜鎏金吐宝神鼬（一对）
估 价：RMB 3,800,000~4,800,000
成交价：RMB 2,300,000
长41cm；高17cm 北京东正 2017-12-09

1056 明 铜彩绘真武大帝
估 价：RMB 1,200,000~1,800,000
成交价：RMB 1,380,000
高46cm 华艺国际 2017-11-25

316 明 梵文金佛牌
估 价：HKD 60,000~80,000
成交价：RMB 1,510,600
15.6cm×6cm 香港翰海 2017-10-05

3012 明 骷髅棒
估 价：RMB 300,000~350,000
成交价：RMB 632,500
长31.8cm 古天一 2017-06-07

6049 明 观音
估 价：RMB 4,500,000~6,500,000
成交价：RMB 5,175,000
高117cm 北京保利 2017-06-07

22 15世纪 西藏 铜鎏金阿閦佛像
估 价：HKD 15,000,000~25,000,000
成交价：RMB 14,989,800
高34cm 邦瀚斯 2017-10-03

6119 明晚期 堆绫绣释迦牟尼唐卡
估 价：RMB 3,500,000~5,500,000
成交价：RMB 4,600,000
71.5cm×50.5cm 北京保利 2017-06-07

319 15世纪 红阎魔敌
出版：1.《印度与西藏的铜造像》，450页，乌尔里希·冯·施罗德著，Hong Kong，2008年；2.《佛韵——造像艺术集粹》，158页，一西主编，文物出版社，北京，2013年。
估 价：HKD 4,600,000~5,500,000
成交价：RMB 11,304,600
高28cm 香港翰海 2017-10-05

6117 明末清初 缂丝绿度母唐卡
估　价：RMB 800,000~1,200,000
成交价：RMB 920,000
94cm×70cm 北京保利 2017-06-07

5715 15世纪 年波瓦·索南丹巴像
估　价：RMB 800,000~1,200,000
成交价：RMB 1,610,000
高23cm 北京保利 2017-06-07

315 15世纪 尊胜佛母
估　价：HKD 1,800,000~2,200,000
成交价：RMB 5,330,260
高30.5cm 香港翰海 2017-10-05

5345 15世纪 忿怒莲师唐卡
估　价：RMB 700,000~800,000
成交价：RMB 1,012,000
50cm×41cm 北京匡时 2017-12-04

3128 15世纪中叶 鎏金铜大威德金刚像
估　价：HKD 2,600,000~3,600,000
成交价：RMB 2,672,600
香港苏富比 2017-10-03

3069 15世纪 萨迦班智达像
估　价：RMB 1,200,000~1,500,000
成交价：RMB 2,185,000
高23.5cm 古天一 2017-06-07

3110 15世纪 西藏铜铭文法王森给喇嘛坐像
估　价：HKD 400,000~600,000
成交价：RMB 1,193,125
高14cm 香港苏富比 2017-10-03

1025 15世纪 铜鎏金上乐金刚
估　价：RMB 3,000,000~4,000,000
成交价：RMB 4,600,000
高29cm 华艺国际 2017-05-27

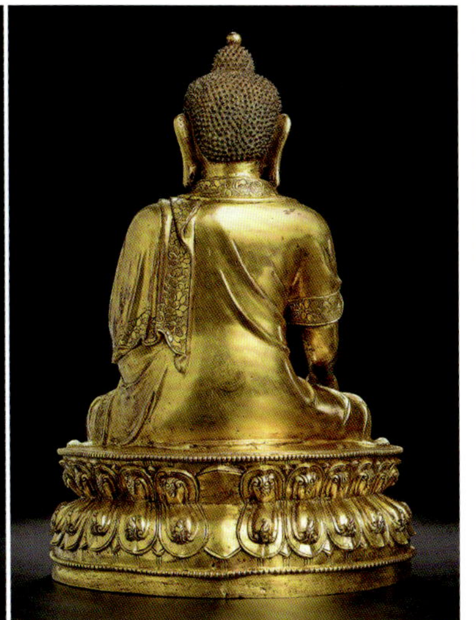

1481 15世纪 铜鎏金释迦牟尼佛像
估　价：RMB 6,000,000~8,000,000
成交价：RMB 8,970,000
高32cm 北京东正 2017-06-08

325 15世纪/16世纪 止贡噶举派上师唐卡
估　价：HKD 150,000~180,000
成交价：RMB 837,138
64.5cm×52cm 香港翰海 2017-10-05

548 15世纪 准提佛母像
估　价：HKD 3,000,000~5,000,000
成交价：RMB 8,145,540
高28cm 中濠典藏 2017-05-23

6029 15世纪/16世纪 不空成就
估　价：RMB 1,000,000~1,500,000
成交价：RMB 3,047,500
高26cm 北京保利 2017-06-07

8119 16世纪 局部鎏金铜达摩立像
估　价：HKD 1,200,000~1,500,000
成交价：RMB 5,701,700
高48.7cm 佳士得 2017-11-27

3666 16世纪 鎏金铜狮吼观音坐像
估　价：HKD 2,000,000~3,000,000
成交价：RMB 13,031,000
香港苏富比 2017-10-03

1064 17世纪 铜鎏金尊胜佛母
估　价：RMB 4,000,000~5,500,000
成交价：RMB 4,370,000
高28.5cm 华艺国际 2017-11-25

3723 16世纪 铜鎏金嵌绿松石胜乐金刚像
来源：1995年 伦敦Spink拍出，为著名收藏家Carlton Rochell旧藏。
估　价：RMB 5,800,000~6,800,000
成交价：RMB 8,165,000
高39cm 西泠拍卖 2017-07-16

1476 16世纪 铜鎏金迦里迦尊者像
估　价：RMB 1,000,000~1,200,000
成交价：RMB 2,530,000
高20.5cm 北京东正 2017-06-08

3144 17世纪/18世纪 西藏或喜玛拉雅尸陀林像
估　价：HKD 8,000,000~10,000,000
成交价：RMB 7,553,000
高73.8cm 香港苏富比 2017-10-03

3351 17世纪 西藏大成就者萨惹哈组像
估 价：RMB 3,000,000~6,000,000
成交价：RMB 7,245,000
高20.5cm 中国嘉德 2017-06-20

2813 清初 缂丝六臂大黑天唐卡
来源：斯宾克，伦敦，1992年。
估 价：HKD 4,000,000~6,000,000
成交价：RMB 4,310,820
78cm×38cm 佳士得 2017-05-31

1331 17世纪 西藏宫廷御制金刚钺刀
估 价：RMB 800,000~1,000,000
成交价：RMB 805,000
长15.8cm 北京东正 2017-06-08

5781 清康熙 舍利弗尊者
估 价：RMB 1,000,000~1,500,000
成交价：RMB 2,760,000
高25cm 北京保利 2017-06-07

1486 17世纪/18世纪 铜鎏金白玛哈嘎拉像
估　价：RMB 2,700,000~3,000,000
成交价：RMB 3,105,000
高21.5cm 北京东正 2017-06-08

3959 清康熙 铜鎏金嵌宝石无量寿佛
估　价：RMB 5,000,000~6,000,000
成交价：RMB 6,095,000
高43cm 北京匡时 2017-06-04

6042 清康熙 无量寿佛
“八十六”款
估　价：RMB 5,000,000~8,000,000
成交价：RMB 9,200,000
高41.5cm 北京保利 2017-06-07

6041 清康熙 准提佛母
估　价：RMB 1,200,000~1,800,000
成交价：RMB 1,380,000
213cm×102cm 北京保利 2017-06-07

3351 清乾隆（宫廷御制） 铜鎏金大威德金刚三连尊
“大清乾隆年敬造”款
成交价：RMB 12,650,000
高18cm 中国嘉德 2017-12-18

1632 清康熙 铜胎掐丝珐琅荷塘鱼藻纹海螺法器
估　价：RMB 1,800,000~2,200,000
成交价：RMB 2,070,000
长15.3cm 北京荣宝 2017-06-02

247 清乾隆 十一面观音唐卡
估　价：RMB 800,000~1,000,000
成交价：RMB 920,000
70cm × 50cm 大羿拍卖 2017-12-04

6022 清乾隆 四十五年（1780） 承德须弥福寿之庙 御制释迦牟尼本尊唐卡
估　价：RMB 2,600,000~3,600,000
成交价：RMB 2,760,000
134cm × 83cm 北京保利 2017-12-19

6023 清乾隆 承德须弥福寿之庙 御制尊胜佛母唐卡
估　价：RMB 1,800,000~2,800,000
成交价：RMB 1,667,500
114cm × 72cm 北京保利 2017-12-19

38 清乾隆 铜鎏金大白伞盖佛母像
估　价：HKD 1,600,000~2,000,000
成交价：RMB 1,643,400
高48.5cm 邦瀚斯 2017-10-03

148 清乾隆 阿氏多尊者 跋陀罗尊者（两尊）
记录：苏富比纽约，2011年。
估　价：RMB 2,800,000~3,600,000
成交价：RMB 3,795,000
高19cm 中贸圣佳 2017-06-18

143 清乾隆 掐丝珐琅八宝纹佛龛（铜鎏金无量寿佛）
估　价：RMB 850,000~1,200,000
成交价：RMB 977,500
高45cm 中贸圣佳 2017-06-18

534 清乾隆 欢喜金刚造像
“大清乾隆年敬造”楷书款
记录：伦敦苏富比，2009年。
估　价：RMB 6,800,000~12,800,000
成交价：RMB 12,075,000
高39cm 观唐皕榷 2017-01-11

1509 清乾隆 紫金璃玛无量寿佛坐像
成交价：RMB 39,100,000
高90cm 北京东正 2017-06-08

533 清乾隆 尊胜佛母
“大清乾隆年敬造”楷书款
估　价：RMB 2,600,000~4,600,000
成交价：RMB 4,025,000
高40cm 观唐皕榷 2017-01-11

5773 18世纪 宗喀巴唐卡
估　价：RMB 550,000~850,000
成交价：RMB 632,500
32cm×24cm 北京保利 2017-06-07

1025 清 金摩尼宝供器（一组）
估　价：RMB 280,000~350,000
成交价：RMB 920,000
高17cm；530g 古天一 2017-06-07

147 清 漆金坛城
估　价：RMB 1,500,000~2,000,000
成交价：RMB 1,840,000
高116cm 中贸圣佳 2017-06-18

3072 清 坛城
估　价：RMB 1,000,000~1,500,000
成交价：RMB 2,185,000
高56cm 古天一 2017-06-07

179 18世纪 十八罗汉唐卡（一套七张）
估　价：RMB 400,000~500,000
成交价：RMB 943,000
62cm×47cm 北京宣石 2017-12-03

657 18世纪 铜鎏金六世班禅像
估　价：RMB 800,000~1,200,000
成交价：RMB 1,012,000
高24cm 观唐皕榷 2017-01-12

3068 18世纪 格萨尔王唐卡
估　价：RMB 1,500,000~1,800,000
成交价：RMB 2,645,000
68.5cm×49cm 古天一 2017-06-07

1493 18世纪 合金铜鎏金嵌银执壶
估　价：RMB 280,000~380,000
成交价：RMB 437,000
高28cm 北京东正 2017-06-08

551 18世纪 密修金刚萨埵像
估　价：HKD 1,200,000~1,600,000
成交价：RMB 2,297,460
85cm×92cm 中濠典藏 2017-05-23

310 18世纪 金刚萨埵双身像
估　价：HKD 8,800,000~10,000,000
成交价：RMB 9,835,500
高25cm 香港翰海 2017-10-05

6033 18世纪 五珍磨俱
估　价：RMB 300,000~500,000
成交价：RMB 345,000
长25cm 北京保利 2017-06-07

5769 18世纪 十一面观音唐卡
估 价：RMB 2,000,000~3,000,000
成交价：RMB 2,300,000
长54.5cm×37cm 北京保利 2017-06-07

3318 19世纪 蒙古 金刚舞面（一对）
估 价：RMB 80,000~120,000
成交价：RMB 483,000
高69cm；高61cm 中国嘉德 2017-06-20

3835 19世纪 仲敦巴唐卡
估 价：RMB 800,000~1,000,000
成交价：RMB 920,000
79cm×59.5cm 北京匡时 2017-06-04

3329 明 铜鎏金光明佛母（摩利支天）
估 价：RMB 5,800,000~8,800,000
成交价：RMB 6,325,000
高80cm 中国嘉德 2017-12-18

1346 大理 金刚橛
估 价：RMB 2,000,000~3,000,000
成交价：RMB 2,300,000
高22.5cm 北京东正 2017-06-08

# 文房用品

628 战国—汉 青铜龟钮印（六方）
估 价：HKD 200,000~300,000
成交价：RMB 665,992
印面最大2.8cm 中国嘉德 2017-10-02

1943 明嘉靖 汪仲山 经之墨
估 价：RMB 280,000~350,000
成交价：RMB 345,000
直径10cm 中贸圣佳 2017-09-04

5053 明早期 李纲铭嘉章精舍铜研山
估 价：RMB 450,000~650,000
成交价：RMB 517,500
长19.5cm 中国嘉德 2017-06-19

519 西汉 “永受嘉福”及“汉并天下”瓦当砚（两方）
估 价：USD 8,000~12,000
成交价：RMB 778,388
直径15.6cm；直径15.3cm
纽约佳士得 2017-03-15

191 明中期 剔红人物图书卷式墨床
估 价：HKD 50,000~80,000
成交价：RMB 66,825
长7.3cm 佳士得 2017-04-04

2470 明万历 程君房制“南岳衡山”墨
估 价：RMB 350,000~600,000
成交价：RMB 402,500
14cm×7.8cm 北京匡时 2017-12-03

5921 明万历 铜胎掐丝珐琅人物故事洗
估 价：RMB 500,000~800,000
成交价：RMB 805,000
直径34.5cm 北京保利 2017-06-07

549 明万历 曲水流觞图及行书孙绰“后序”圆形墨
估 价：RMB 300,000~600,000
成交价：RMB 402,500
直径16.1cm 观唐皕榷 2017-01-11

2261 明 “玄龙焕”墨（一锭）
估 价：RMB 200,000~300,000
成交价：RMB 230,000
7.7cm×7.9cm 西泠拍卖 2017-07-15

6115 明 “武猛校尉”银质官印
估 价：RMB 30,000~60,000
成交价：RMB 322,000
高2.21cm 中国嘉德 2017-06-20

1097 明 象牙雕瓜棱形水盂
估 价：RMB 30,000~50,000
成交价：RMB 299,000
高4cm 古天一 2017-06-07

4383 明 覆斗钮“天与子孙”玉印
印文：天与子孙
估 价：RMB 580,000~700,000
成交价：RMB 667,000
8.6cm×8.7cm 西泠拍卖 2017-07-16

1944 明 方于鲁 墨精
估 价：RMB 280,000~350,000
成交价：RMB 322,000
直径8.8cm 中贸圣佳 2017-09-04

520 明 端石兰亭砚
估 价：USD 8,000~12,000
成交价：RMB 1,124,338
长22.6cm 纽约佳士得 2017-03-15

5145 明晚期 御制紫檀雕云龙纹文具盒
估 价：RMB 1,200,000~2,200,000
成交价：RMB 1,897,500
28.3cm×19cm 北京保利 2017-06-06

5143 明末清初 四君子黑漆百宝嵌方笔筒
估 价：RMB 1,000,000~1,500,000
成交价：RMB 1,150,000
高17cm 北京保利 2017-06-06

3175 明末清初 嵌银丝局部鎏金蹲螭铜镇尺（一对）
估 价：HKD 600,000~1,000,000
成交价：RMB 665,250
长24.5cm×2 佳士得 2017-05-31

2872 清早期 南红玛瑙雕瑞兽水呈
估 价：RMB 250,000~350,000
成交价：RMB 287,500
长6.7cm 中国嘉德 2017-12-18

3046 明末清初 白芙蓉石雕夔龙纹方印
边款：尚均
估 价：HKD 200,000~300,000
成交价：RMB 354,800
高2.4cm 佳士得 2017-05-31

5169 清早期 明坑田黄冻六面方章“鹿岛氏藏”款
备注：日本重要藏家旧藏。
估 价：RMB 5,000,000~8,000,000
成交价：RMB 7,360,000
高6.5cm；重69g 北京保利 2017-12-18

2935 清初 尚均刻高山冻石瑞兽钮载治自用印（29克）、寿山石博古钮载治自用印（50克）
估 价：HKD 1,000,000~1,500,000
成交价：RMB 1,170,125
高4.7cm×2 佳士得 2017-11-29

3043 清初 周亮工刻田黄瑞兽钮长方印
估 价：HKD 100,000~150,000
成交价：RMB 776,125
宽2.1cm 佳士得 2017-05-31

6213 清雍正 紫砂杨季元制泥绘山水楼阁笔筒
“杨季元制”款
估 价：RMB 800,000~1,200,000
成交价：RMB 977,500
高10.5cm 北京保利 2017-12-19

540 清康熙 松花石龙虎纹砚配掐丝珐琅螭龙纹砚床
“康熙年制”篆书款
估 价：RMB 1,500,000~2,500,000
成交价：RMB 2,185,000
14.3cm×11.5cm 观唐皕榷 2017-01-11

1503 清乾隆 御制琥珀雕双龙耳龙纹花口洗
“乾隆年制”
估 价：RMB 3,000,000~3,500,000
成交价：RMB 2,990,000
长35cm 北京东正 2017-12-09

5068 清乾隆 琥珀笔掭
成交价：RMB 149,500
长6cm 北京保利 2017-12-18

3200 清乾隆 翡翠喜上眉梢臂搁
来源：香港佳士得，2009年。
估　价：RMB 3,500,000~4,000,000
成交价：RMB 4,025,000
长20cm 北京匡时 2017-12-03

5172 清乾隆 御制耕织图诗墨（一套48锭）“汪惟高”款
估　价：RMB 2,600,000~3,600,000
成交价：RMB 2,990,000
长7cm 北京保利 2017-12-18

2664 清乾隆 “乾隆御用”款澄泥葫芦式暖砚
估　价：RMB 600,000~800,000
成交价：RMB 690,000
长17.3cm 北京匡时 2017-12-03

2259 清乾隆 杨季初制 泥绘山水人物笔筒
估　价：RMB 800,000~900,000
成交价：RMB 920,000
高12.75cm 上海匡时 2017-11-05

207 清乾隆 御制彩泥堆绘山谷清幽印泥盒
估　价：HKD 3,800,000~4,500,000
成交价：RMB 6,978,200
直径9.1cm 中金国际 2017-11-24

2934 清乾隆 御用芙蓉洞石四骏图“乾隆御笔”玺
来源：古岛一雄，日本，于20年代初购得（传）
估　价：HKD 8,000,000~12,000,000
成交价：RMB 17,445,500
高12.5cm 佳士得 2017-11-29

541 清乾隆 掐丝珐琅云龙纹水丞（一套）“大清乾隆年制”楷书款
估　价：RMB 300,000~600,000
成交价：RMB 552,000
高10.5cm 观唐皕榷 2017-01-11

601 清乾隆 黄料缠枝莲纹双蝶耳洗“乾隆年制”楷书款
估　价：RMB 500,000~1,000,000
成交价：RMB 1,012,000
直径17.7cm 观唐皕榷 2017-01-11

6106 清乾隆 铜质鎏金瑞兽镇
估 价：RMB 100,000~200,000
成交价：RMB 1,127,000
直径6.5cm；重298g 中国嘉德 2017-06-20

879 清乾隆 祥云飞龙西番莲纹八角三层紫檀砚盒
估 价：RMB 260,000~500,000
成交价：RMB 402,500
直径10.5cm 观唐皕榷 2017-01-12

5109 清乾隆 汉玉螭龙钮宝玺“如水如镜”
估 价：RMB 3,000,000~5,000,000
成交价：RMB 4,025,000
高2.6cm 北京保利 2017-06-06

5110 清乾隆 昌化鸡血石苍龙教子钮宝玺“敬胜怠”
著录：1.《清代帝后宝玺印谱》第五册乾隆卷一；2.《钦定石渠宝笈》。
估 价：RMB 15,000,000~25,000,000
成交价：RMB 23,000,000
11cm × 6cm × 8.6cm 北京保利 2017-06-06

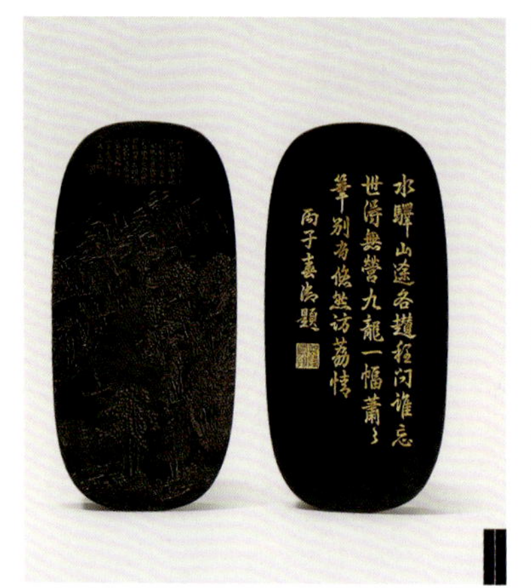

547 清乾隆 御题诗及彭元瑞摹《春流出峡图》御墨
“大清乾隆年制”款
估 价：RMB 360,000~660,000
成交价：RMB 437,000
宽17.8cm 观唐皕榷 2017-01-11

516 清乾隆 御制重排石鼓文墨（一组10锭）
来源：大阪藤田美术馆珍藏，入藏于1940年前。
估 价：USD 50,000~70,000
成交价：RMB 7,109,273
直径4.4cm × 10 纽约佳士得 2017-03-15

3740 清乾隆 御制西湖名胜图彩墨一函10笏
“乾隆年制”款
来源：王雪涛旧藏。
估 价：RMB 2,100,000~3,200,000
成交价：RMB 2,415,000
尺寸不一 北京匡时 2017-06-04

5101 清乾隆 澄泥仿汉未央砖海天初月砚
估 价：RMB 80,000~120,000
成交价：RMB 1,840,000
长14.6cm 北京保利 2017-06-06

5102 清乾隆 御制紫檀嵌银丝朱砂砚
“大清乾隆仿古”款
估 价：RMB 600,000~800,000
成交价：RMB 1,012,000
长15.5cm 北京保利 2017-06-06

196 清嘉庆 雕瓷仿竹节式印盒
“大清嘉庆年制”篆书款
估 价：RMB 350,000~400,000
成交价：RMB 598,000
9.9cm×7.8cm 上海明轩 2017-06-30

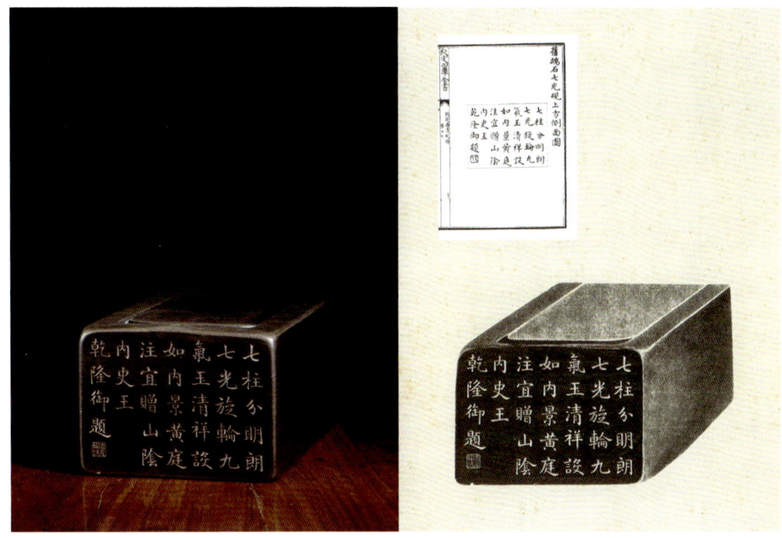


2144 清乾隆 御铭宋代端石七光砚
估 价：RMB 3,500,000~6,000,000
成交价：RMB 8,855,000
20.9cm×12.5cm 西泠拍卖 2017-07-15

2463 清乾隆 御题诗文井字形歙砚
估 价：RMB 1,000,000~1,600,000
成交价：RMB 1,437,500
长12.5cm 北京翰海 2017-06-04

1504 清乾隆 剔红雕漆书函式包袱形文具盒
估 价：RMB 2,800,000~3,200,000
成交价：RMB 2,300,000
长30.5cm 北京东正 2017-06-08

5060 清光绪 山农 石窗款 四方水注
估 价：RMB 200,000~300,000
成交价：RMB 483,000
高6.8cm 中国嘉德 2017-12-21

1682 清 铜胎掐丝珐琅胡人骑羊笔架
款识：乾隆年制
估 价：RMB 500,000~800,000
成交价：RMB 517,500
长17cm 北京华辰 2017-12-17

1095 清 吴大徵款骨臂搁
估 价：RMB 220,000~300,000
成交价：RMB 391,000
长20.5cm 上海匡时 2017-11-05

198 清 杨彭年制竹笋水注
“杨彭年造” 四字篆书款
估 价：RMB 650,000~700,000
成交价：RMB 805,000
长15.7cm 上海明轩 2017-06-30

736 清 1854年作 钱松刻昌化石汪范自用对章
印文：蠡舟、汪范
估 价：RMB 300,000~400,000
成交价：RMB 977,500
高5.8cm×2 西泠拍卖 2017-07-15

722 清 陈豫钟跋，陈鸿寿刻寿山石桥钮闲章
边款 “仿汉铜印作”，“曼生”
估 价：RMB 600,000~800,000
成交价：RMB 690,000
高2.1cm 西泠拍卖 2017-07-15

4100 清 皇六子奕欣自用田黄石素方章
估 价：RMB 3,200,000~3,800,000
成交价：RMB 6,900,000
高5.8cm 西泠拍卖 2017-07-16

309 清 将军洞芙蓉石朱文闲章
估 价：RMB 60,000~80,000
成交价：RMB 402,500
高5.7cm 福建东南 2017-05-21

4099 清 李宗岱自用田黄石六面平素方章
估 价：RMB 1,000,000~1,200,000
成交价：RMB 2,760,000
高6.2cm 西泠拍卖 2017-07-16

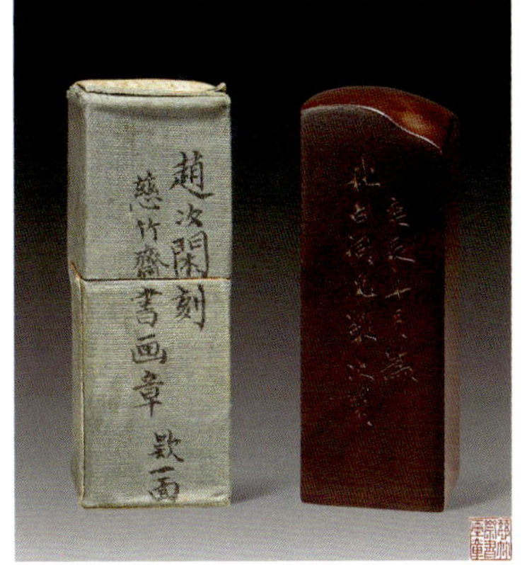

1586 清 赵次闲刻收藏印
估 价：RMB 500,000~650,000
成交价：RMB 575,000
高6cm 朵云轩 2017-06-26

728 清 赵之琛刻六面平田黄冻石卓秉恬自用印
印文：臣恬私印
估 价：RMB 2,200,000~3,000,000
成交价：RMB 4,370,000
高6.6cm 西泠拍卖 2017-07-15

4183 清 赵之谦刻寿山芙蓉石凤钮闲章
印文：吉祥
估 价：RMB 650,000~800,000
成交价：RMB 1,207,500
高5cm 西泠拍卖 2017-07-16

729 清 卓秉恬自用田黄石素方章
印文：卓海帆氏
估 价：RMB 2,000,000~2,500,000
成交价：RMB 3,680,000
高7.2cm 西泠拍卖 2017-07-15

67 清 洒金纸 四尺中堂（8张）
估 价：RMB 150,000~250,000
成交价：RMB 184,000
137cm×69cm×8 北京宣石 2017-05-21

116 清 朱红描金银龙戏珠纹斗方绢
估 价：RMB 800,000~1,200,000
成交价：RMB 1,035,000
68.7cm×68.7cm 中贸圣佳 2017-06-18

522 清 端石荷蟹砚
估 价：USD 8,000~12,000
成交价：RMB 1,297,313
长24.5cm 纽约佳士得 2017-03-15

518 清 歙石“七襄报章”砚
估 价：USD 12,000~18,000
成交价：RMB 1,124,338
长15.3cm 纽约佳士得 2017-03-15

5954 清 玉佩纹松花石御铭砚
估 价：RMB 880,000~1,500,000
成交价：RMB 1,012,000
长11.8cm 北京保利 2017-06-07

132 清 张廷济六十寿砚
估 价：RMB 500,000~600,000
成交价：RMB 1,495,000
16cm×8.8cm 中贸圣佳 2017-06-18

2937 民国 田黄雕瑞兽钮溥侗自用对章
估 价：HKD 800,000~1,200,000
成交价：RMB 2,433,860
高5cm；重66g、重63g 佳士得 2017-11-29

1705 民国 炭精随形大笔洗
估 价：RMB 800,000~1,000,000
成交价：RMB 1,380,000
长42cm 北京荣宝 2017-06-02

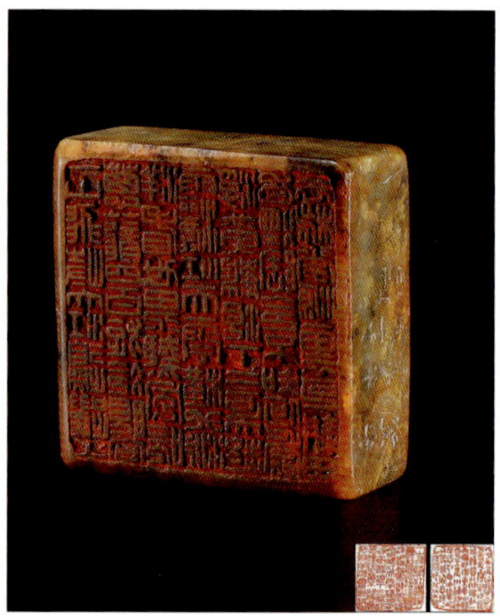

1548 民国 韩登安刻 青田石毛主席诗词双面印
估 价：RMB 600,000~800,000
成交价：RMB 681,000
8cm×8cm 印千山 2017-07-09

4037 民国 麻纸（180张）
估　价：RMB 1,000~2,000
成交价：RMB 138,000
宽49cm × 180 中国嘉德 2017-09-03

2208 胡钁 刻 尚均款寿山田黄石瓦当钮方章
估　价：RMB 1,500,000~2,000,000
成交价：RMB 1,955,000
高4.5cm；重133g 北京匡时 2017-12-03

2118 寿山黄金黄田黄石金蟾钮方章
估　价：RMB 2,000,000~3,000,000
成交价：RMB 8,970,000
2.4cm × 2.4cm × 6.5cm；重83.8g
北京匡时 2017-12-03

2188 郭祥忍 寿山田黄石“九龙戏珠”钮玺
成交价：RMB 109,250,000
9.3cm × 9.3cm × 11cm；重1709.5g 北京匡时 2017-12-03

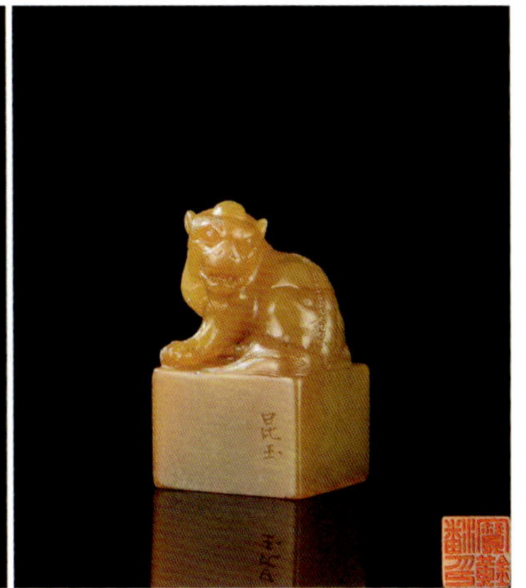

2203 何昆玉 刻 寿山田黄石古兽钮章
印文：潘宝璜印
估　价：RMB 3,000,000~4,000,000
成交价：RMB 6,900,000
高5.2cm；重80g 北京匡时 2017-12-03

2186 郭祥忍 寿山硬田石龙凤钮扁方章
估　价：RMB 1,000,000~1,500,000
成交价：RMB 2,300,000
高6.8cm；重162.4g 北京匡时 2017-12-03

2167 寿山田黄石薄意扁方章
估　价：RMB 2,000,000~3,000,000
成交价：RMB 8,050,000
高7.5cm；重290.6g 北京匡时 2017-12-03

3384 吴让之 刻 吴让之为张锡组刻 青田石方章
备注：小林斗盦旧藏。
估　价：RMB 1,500,000~2,000,000
成交价：RMB 2,645,000
高3.6cm 北京匡时 2017-12-04

5774 杨玉璇 将军洞芙蓉石戴公望自用印
估　价：RMB 150,000~250,000
成交价：RMB 414,000
高4.1cm 北京保利 2017-12-19

4394 赵之谦刻 青田石自用印章
备注：1904—2004年期间多种出版物有著录。
估　价：RMB 1,800,000~2,800,000
成交价：RMB 12,075,000
4.8cm×4.8cm×5.3cm 中国嘉德 2017-12-20

2144 郑则评 寿山乌鸦皮田黄石高士薄意方章
估　价：RMB 2,000,000~3,000,000
成交价：RMB 5,175,000
高5.2cm；重108g 北京匡时 2017-12-03

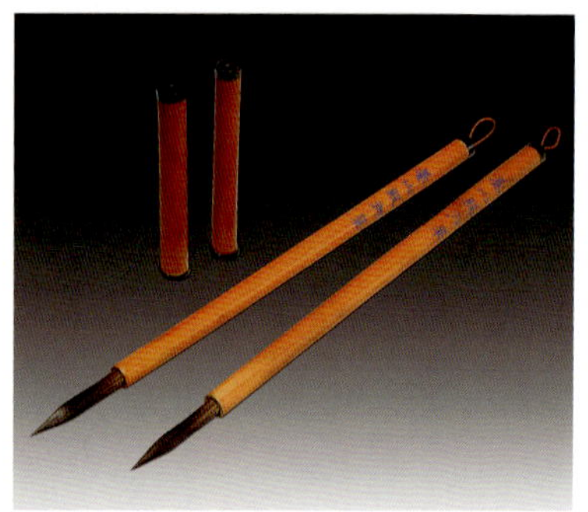

2105 养心殿御笔（两支）
估　价：RMB 10,000~20,000
成交价：RMB 264,500
笔杆7.8cm；笔帽7cm 朵云轩 2017-06-26

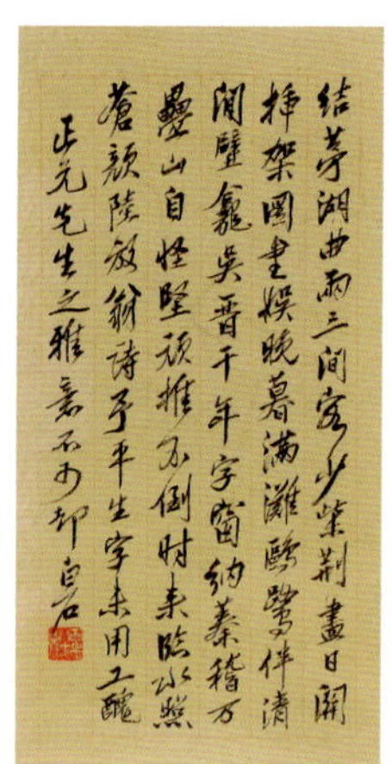

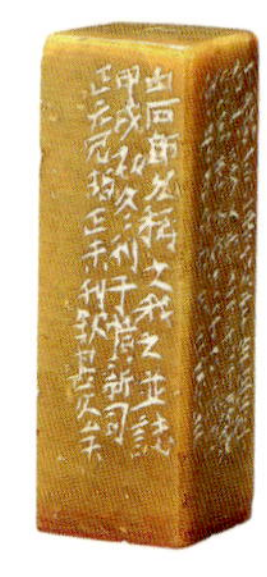

3065 齐白石 为沈正元书陆游结茅诗、为沈正元画青云大利图、为沈正元刻名章 立轴
估　价：RMB 3,200,000~4,000,000
成交价：RMB 3,795,000
绘画97cm×33cm；书法62cm×31cm；印章1.8cm×1.8cm×5.5cm 北京保利 2017-11-10

1222 陈达 汶洋石连体文镇
估　价：RMB 100,000~150,000
成交价：RMB 391,000
高8.6cm 中贸圣佳 2017-06-19

7274 错金银辟邪镇（一对）
估 价：RMB 350,000~500,000
成交价：RMB 690,000
长8cm×2 北京保利 2017-06-05

3038 清雍正 御用寿山石牡丹纹钮“随安室”玺
估 价：HKD 600,000~800,000
成交价：RMB 3,033,540
高7.4cm 佳士得 2017-05-31

523 冰糖地荔枝洞石 瑞兽钮方章
估 价：RMB 200,000~400,000
成交价：RMB 690,000
高11.7cm 福建东南 2017-05-21

4507 曾绍杰 刻寿山芙蓉石兽钮对章
估 价：RMB 30,000~50,000
成交价：RMB 483,000
高6.1cm×2 中国嘉德 2017-06-20

4393 昌化大红袍鸡血石素方章
估 价：RMB 1,100,000~1,500,000
成交价：RMB 1,265,000
高10.4cm 西泠拍卖 2017-07-16

9 丁二仲为唐俊德刻田黄石 双螭献灵方章
估 价：RMB 850,000~1,000,000
成交价：RMB 977,500
高4.3cm 福建东南 2017-10-28

3457 傅抱石 1950年 为陈光甫刻寿山芙蓉石扁方章
估 价：RMB 150,000~200,000
成交价：RMB 460,000
高5cm 北京匡时 2017-06-04

1342 郭功森 冰糖地荔枝印章
估 价：RMB 300,000~350,000
成交价：RMB 575,000
高10.8cm 中贸圣佳 2017-06-19

34 郭懋介 荔枝洞石 刘海戏蟾方章
估　价：RMB 1,000,000~1,800,000
成交价：RMB 2,070,000
高14.6cm 福建东南 2017-10-28

527 郭祥雄 田黄石 群螭献瑞浮雕随形章
“郭祥雄”款
估　价：RMB 4,800,000~6,000,000
成交价：RMB 14,490,000
10.4cm×6.9cm×3.5cm 福建东南 2017-05-21

3459 黄牧甫 为许镛刻青田石自用印
印文：阳湖许镛
估　价：RMB 400,000~500,000
成交价：RMB 460,000
高5.1cm 北京匡时 2017-06-04

4198 来楚生 刻青田石自用闲章
印文：短蛟龙尾，边款：方干
估　价：RMB 100,000~130,000
成交价：RMB 345,000
高2.8cm 西泠拍卖 2017-07-16

1266 林清卿 黄芙蓉石对章
估　价：RMB 200,000~300,000
成交价：RMB 690,000
高7.3cm×2 中贸圣佳 2017-06-19

30 林金元 刻六罗汉章
估　价：RMB 1,200,000~1,500,000
成交价：RMB 1,380,000
上海嘉禾 2017-07-01

1271 林文举 林发述 太白醉酒荔枝印章
估　价：RMB 1,500,000~2,000,000
成交价：RMB 2,300,000
高11.5cm 中贸圣佳 2017-06-19

181 刘传斌 田黄石 王质烂柯薄意随形章
估　价：RMB 1,800,000~3,000,000
成交价：RMB 2,070,000
10.4cm×8.1cm 福建东南 2017-05-21

518 刘爱珠、陈石合作 荔枝洞石 敦煌印象套章（9件套）
估　价：RMB 3,200,000~5,000,000
成交价：RMB 4,485,000
尺寸不一 福建东南 2017-05-21

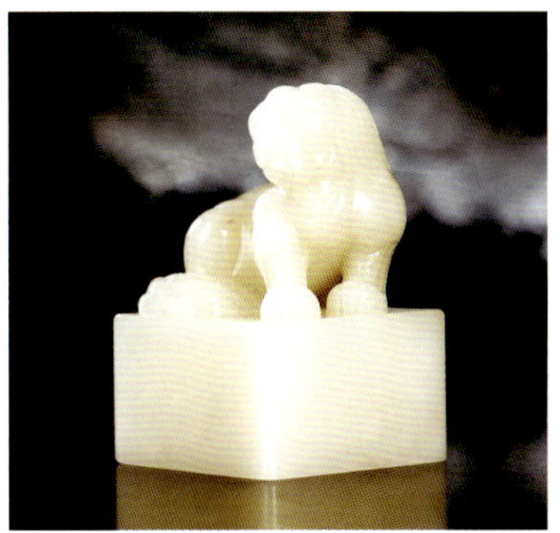

529 潘惊石 将军洞芙蓉石 瑞兽方章
估　价：RMB 200,000~400,000
成交价：RMB 345,000
高7.4cm 福建东南 2017-10-29

4505 王福庵 刻 寿山芙蓉石马上封侯钮对章
估　价：RMB 30,000~50,000
成交价：RMB 437,000
高8.2cm×2 中国嘉德 2017-06-20

28 汪世杰 荔枝洞石 皆大欢喜薄意方章
估　价：RMB 1,000,000~2,000,000
成交价：RMB 2,185,000
高11.3cm 福建东南 2017-10-28

4602 寿山芙蓉石兽钮对章
估 价：RMB 40,000~60,000
成交价：RMB 713,000
高7.7cm×2 中国嘉德 2017-06-20

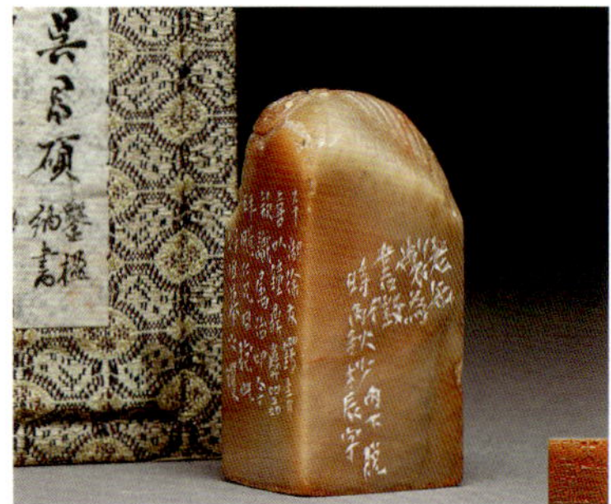

4366 吴昌硕 刻 葛昌楹自用寿山石鸾凤献寿钮印章
估 价：RMB 800,000~1,200,000
成交价：RMB 1,219,000
高5.5cm 中国嘉德 2017-06-20

4364 徐三庚 刻寿山石印章
估 价：RMB 200,000~300,000
成交价：RMB 1,023,500
高7.8cm 中国嘉德 2017-06-20

4706 王壮为 刻 张群自用寿山田黄石薄意印章
估 价：RMB 500,000~800,000
成交价：RMB 4,370,000
高6.3cm；176.4g 中国嘉德 2017-06-20

321 元代 元代驸马印
估 价：HKD 120,000~150,000
成交价：RMB 142,926
高5cm 香港翰海 2017-10-05

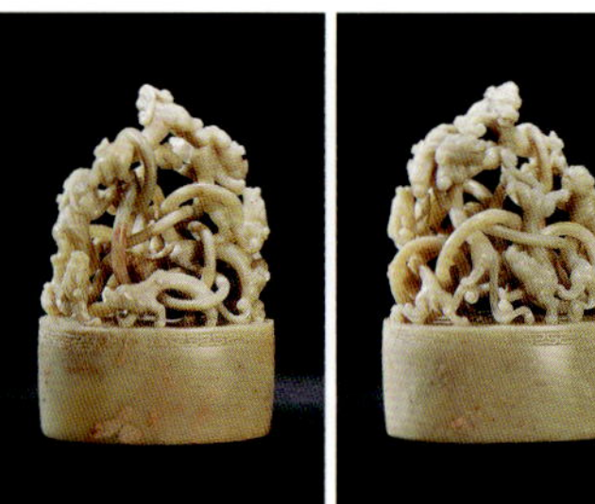

530 周宝庭 旗降石九螭穿环椭圆章
估 价：RMB 60,000~100,000
成交价：RMB 414,000
15.5cm×10.7cm 福建东南 2017-05-21

517 郑世斌 田黄冻石 枫桥夜泊薄意章
估 价：RMB 2,000,000~4,000,000
成交价：RMB 4,715,000
高4.4cm 福建东南 2017-05-21

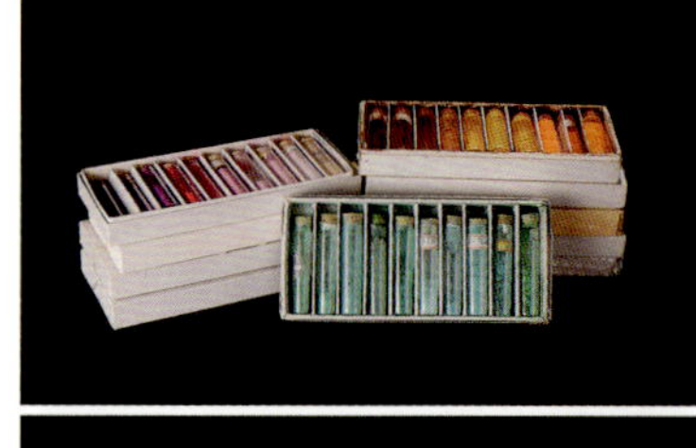

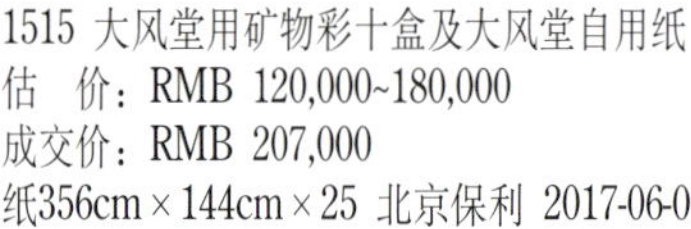

1515 大风堂用矿物彩十盒及大风堂自用纸
估 价：RMB 120,000~180,000
成交价：RMB 207,000
纸356cm×144cm×25 北京保利 2017-06-05

4361 赵之谦 刻青田石自用印章
印文：赵之谦印
估 价：RMB 800,000~1,200,000
成交价：RMB 5,232,500
高5.4cm 中国嘉德 2017-06-20

1560 清雍正 紫端三阳开泰砚配紫檀百宝嵌砚盒
估 价：RMB 3,000,000~4,000,000
成交价：RMB 3,220,000
长23cm 北京东正 2017-06-08

# 钱 币

5352 商 贝币一组六十枚
估 价：RMB 14,000~18,000
成交价：RMB 40,250
西泠拍卖 2017-07-17

8134 春秋·晋 “王□央大城”五字中型耸肩尖足空首布
成交价：RMB 218,500
通长130.3mm 中国嘉德 2017-06-22

12276 战国 平肩弧足空首布“高都市史少曲”一枚
估 价：RMB 500,000~900,000
成交价：RMB 2,645,000
高70mm 北京保利 2017-06-06

12278 战国 平肩实首布“涞伯釿”一枚
估 价：RMB 108,000~130,000
成交价：RMB 124,200
高66mm 北京保利 2017-06-06

8342 战国·秦 “半半”大型权钱
成交价：RMB 379,500
直径47.8，重量38.9g 中国嘉德 2017-06-22

8181 战国·郑 “京”背“行”实首布
估 价：RMB 400,000~600,000
成交价：RMB 460,000
通长69.8mm 中国嘉德 2017-06-22

5466 战国 郢爰三联金块
估 价：RMB 110,000~180,000
成交价：RMB 126,500
西泠拍卖 2017-07-17

8219 新莽 六泉一套
估 价：RMB 200,000~250,000
成交价：RMB 230,000
尺寸不一 中国嘉德 2017-06-22

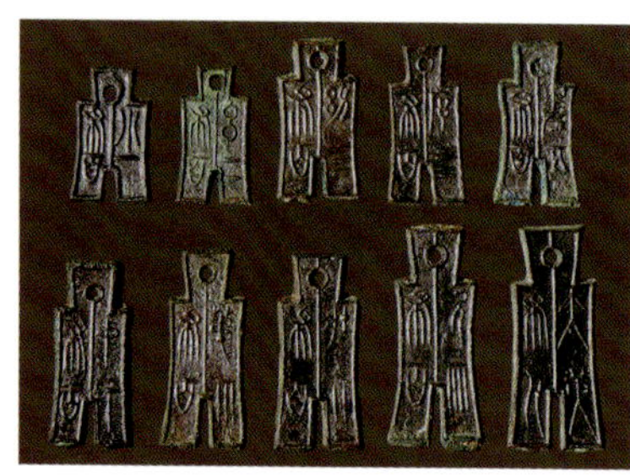

8220 新莽 十布一套
估 价：RMB 200,000~300,000
成交价：RMB 276,000
尺寸不一 中国嘉德 2017-06-22

5577 五代十国 楚武穆王马殷千秋万岁背龙凤花钱
估 价：RMB 75,000~100,000
成交价：RMB 86,250
西泠拍卖 2017-07-17

1514 五代十国·南唐“永通泉货”隶书折五一枚
估 价：RMB 10,000~12,000
成交价：RMB 11,500
直径39.5mm 北京诚轩 2017-06-21

252 汉 金饼
估 价：HKD 250,000~350,000
成交价：RMB 342,790
直径6cm 中国嘉德 2017-10-02

14441 唐 “桂州经略使贞元三年元旦进奉壹铤重伍拾两”一铤
估 价：RMB 500,000~900,000
成交价：RMB 575,000
278mm×73mm 北京保利 2017-12-17

14660 王莽 “货布”“大布黄千”母范两件
估　价：RMB 500,000~800,000
成交价：RMB 920,000
长73.72mm；长83.06m 北京保利 2017-12-17

76 唐“盐税银贰拾五两知官XXX”、“盐税上色银五十贰两X知官陈训”船型银铤二枚
估　价：RMB 600,000
成交价：RMB 690,000
重800g、重1543.8g 上海泛华 2017-09-09

8255 北宋 “大观通宝”银质小平
估　价：RMB 1,000~8,000
成交价：RMB 12,650
直径23.2mm 中国嘉德 2017-06-22

7797 南宋 “十分金 重贰拾伍两”二十五两金铤
估　价：RMB 700,000~800,000
成交价：RMB 1,380,000
中国嘉德 2017-12-23

7291 金 “通州行尚书六部叁万贯会子”铜质钞版
估　价：RMB 2,200,000~4,000,000
成交价：RMB 2,530,000
长235mm 中国嘉德 2017-12-22

7586 南宋 “陈二郎”“十分金”“铁线巷”一两金条
估　价：RMB 40,000~60,000
成交价：RMB 46,000
重37.4g 中国嘉德 2017-06-23

8369 宋 斩鬼背“包公夜审郭槐”故事花钱
成交价：RMB 80,500
直径54.9mm 中国嘉德 2017-06-22

7541 唐宋时期 无文五十两银铤
估　价：RMB 20,000~30,000
成交价：RMB 155,250
重1852g 中国嘉德 2017-06-23

7662 元 “至元十四年月日 扬州十成色”“银匠许天佑”“广盈库官”“提领运义”五十两
估　价：RMB 200,000~400,000
成交价：RMB 460,000
重1926g 中国嘉德 2017-06-23

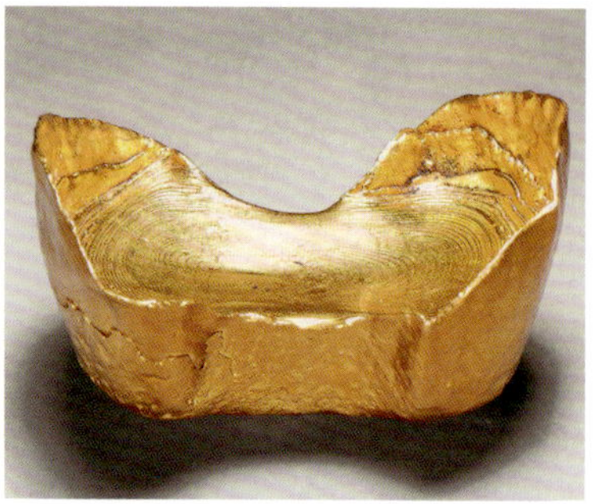

1262 明 无文十两金锭
估　价：RMB 300,000~400,000
成交价：RMB 402,500
长16cm 印千山 2017-03-30

8335 元 “泰定二年”象棋子、棋盘一套
估　价：RMB 50,000~150,000
成交价：RMB 460,000
中国嘉德 2017-06-22

361 元 至元通行宝钞贰贯
估　价：RMB 200,000
成交价：RMB 230,000
上海阳明 2017-03-17

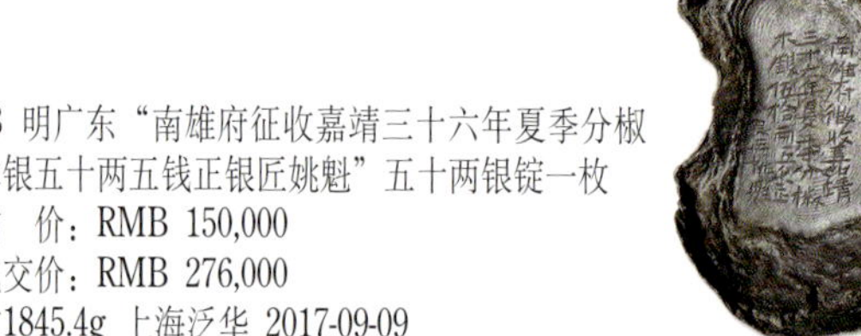

83 明广东“南雄府征收嘉靖三十六年夏季分椒木银五十两五钱正银匠姚魁”五十两银锭一枚
估　价：RMB 150,000
成交价：RMB 276,000
重1845.4g 上海泛华 2017-09-09

6033 清乾隆二十五年 乾隆御制祈福金钱
估　价：RMB 3,000,000~6,000,000
成交价：RMB 41,975,000
钱币直径45.8mm，厚4.2mm；总重913g 中国嘉德 2017-06-20

1102 清“嘉庆通宝”宝泉局双点通大样雕母一枚
估 价：RMB 20,000
成交价：RMB 218,500
上海泛华 2017-09-09

1572 清代广东“怡和 嘉庆十四年 正月太聚”十两砝码锭一枚
估 价：RMB 600,000~800,000
成交价：RMB 690,000
重376g 北京诚轩 2017-06-21

73 21世纪初 咸丰重宝镇库大钱
估 价：HKD 10,000~15,000
成交价：RMB 467,775
直径17cm 佳士得 2017-04-04

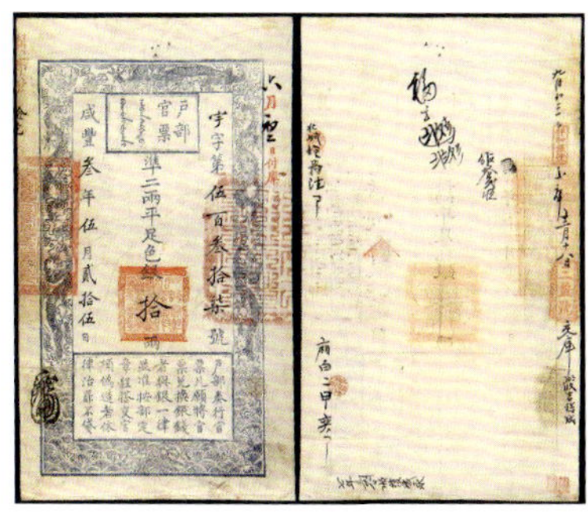

1034 咸丰三年五月二十五日户部官票京师试行版手写拾两一枚
成交价：RMB 368,000
北京诚轩 2017-06-22

5568 清 咸丰重宝宝苏当五十勾咸大曲苏样钱
估 价：RMB 180,000~250,000
成交价：RMB 207,000
西泠拍卖 2017-07-17

12382 清 “咸丰元宝宝泉当百”之“缶宝□贝”版雕母一枚
估 价：RMB 300,000~500,000
成交价：RMB 322,000
直径50.7mm 北京保利 2017-06-06

5453 清 江苏（上海）“咸丰元年 江海关 朱源裕 匠孙吉”五十两银锭
估 价：RMB 1,200,000~1,500,000
成交价：RMB 1,380,000
西泠拍卖 2017-07-17

5571 清 咸丰通宝宝福一百样钱（大耳福）
估 价：RMB 800,000~1,200,000
成交价：RMB 920,000
直径76mm 西泠拍卖 2017-07-17

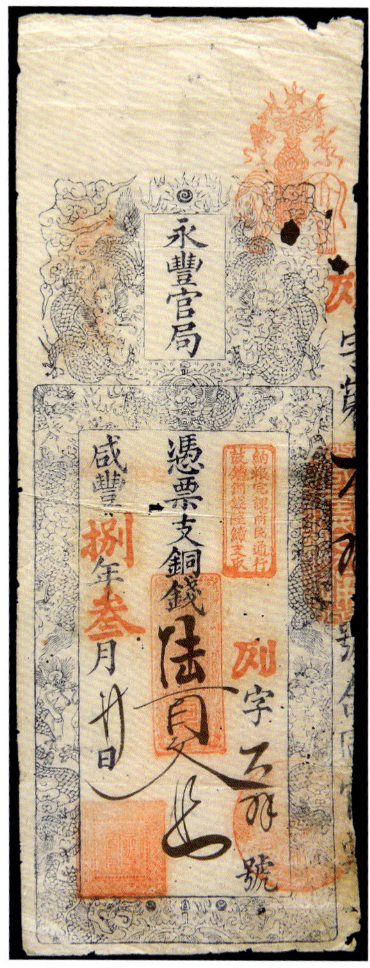


1184 咸丰八年福建永丰官局铜钱票陆百文一枚
估 价：RMB 120,000~180,000
成交价：RMB 287,500
北京诚轩 2017-06-22

14505 清 1906年光绪丙午年造库平一两大清金币一枚，天津造币总厂试铸
估 价：RMB 600,000~800,000
成交价：RMB 793,500
北京保利 2017-12-17

14756 清 “光绪通宝宝源当拾”未开穿雕母一枚
估 价：RMB 400,000~680,000
成交价：RMB 1,092,500
直径30.75mm 北京保利 2017-12-17

477 清“光绪通宝”背“山东壹文”黄铜试铸样币一枚
估 价：RMB 350,000
成交价：RMB 437,000
上海泛华 2017-09-09

344 清江南省造戊戌光绪元宝库平七钱二分银币一枚
估 价：RMB 280,000
成交价：RMB 506,000
上海泛华 2017-09-09

167 清湖北“天门县 光绪十二年八月 官钱局”五十两银锭一枚
估 价：RMB 250,000
成交价：RMB 287,500
重1879.2g 上海泛华 2017-09-09

338 清江南省造无纪年光绪元宝库平七钱二分银币一枚
估 价：RMB 450,000
成交价：RMB 621,000
上海泛华 2017-09-09

12491 清 “光绪通宝”背“天下太平”宫钱一枚
成交价：RMB 287,500
直径47mm 北京保利 2017-06-06

2140 1896年无纪年江南省造光绪元宝库平七钱二分银币样币一枚
估 价：RMB 2,200,000~3,000,000
成交价：RMB 3,910,000
北京诚轩 2017-06-21

7942 1908年造币总厂光绪元宝七钱二分银币（LM11）
估 价：RMB 1,000~3,000
成交价：RMB 276,000
中国嘉德 2017-06-23

2141 1896年无纪年江南省造光绪元宝库平三钱六分银币样币一枚
估　价：RMB 1,200,000~1,500,000
成交价：RMB 1,380,000
北京诚轩 2017-06-21

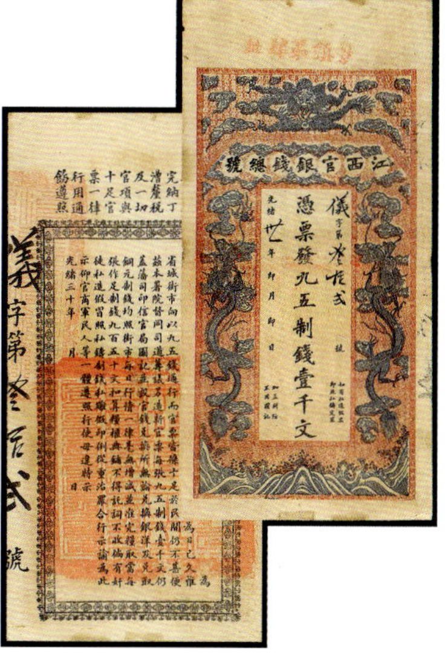

1210 光绪三十一年江西官银钱总号制钱票壹千文一枚
估　价：RMB 30,000~50,000
成交价：RMB 264,500
北京诚轩 2017-06-22

5908 清宣统 “宣统三年大清银币”纯金样币
估　价：RMB 200,000~300,000
成交价：RMB 667,000
直径3.8cm；重35g 北京保利 2017-12-19

525 清宣统三年大清银币“长须龙”版壹圆样币一枚
估　价：RMB 600,000
成交价：RMB 690,000
上海泛华 2017-09-09

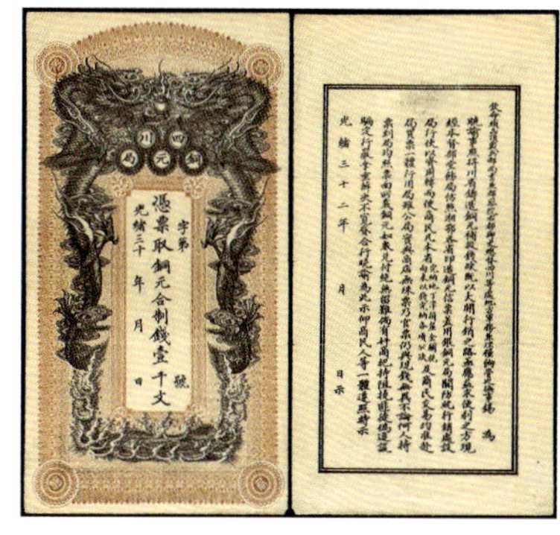

1237 光绪三十年四川铜元局制钱票壹千文一枚
估　价：RMB 150,000~200,000
成交价：RMB 230,000
北京诚轩 2017-06-22

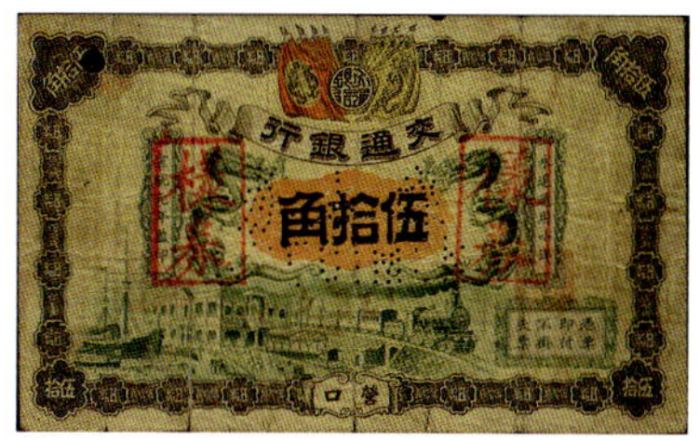


923 宣统元年（1909年）交通银行小洋伍拾角
估　价：RMB 500,000
成交价：RMB 575,000
上海阳明 2017-06-17

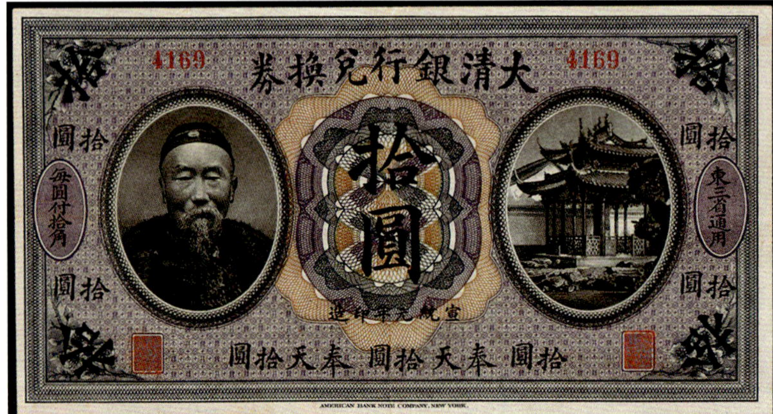

8811 宣统元年（1909年）大清银行兑换券东三省通用奉天拾圆
估　价：RMB 60,000~150,000
成交价：RMB 1,035,000
中国嘉德 2017-12-23

1754 宣统三年大清银币“反龙”版壹圆样币一枚
估　价：RMB 350,000~500,000
成交价：RMB 747,500
北京诚轩 2017-06-21

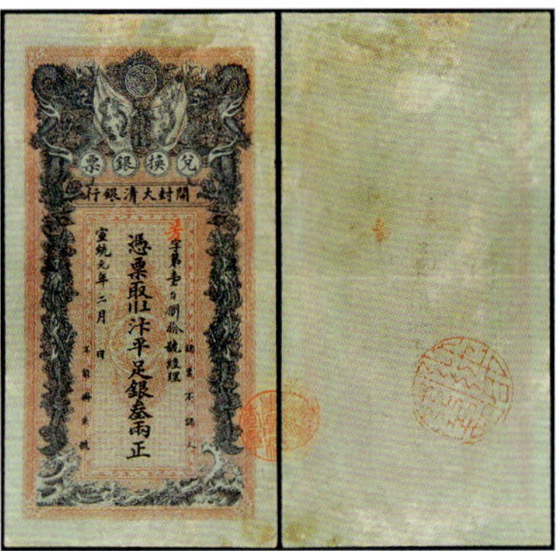

1220 宣统元年开封大清银行兑换银票汴平足银叁两一枚
估　价：RMB 75,000~95,000
成交价：RMB 230,000
北京诚轩 2017-06-22

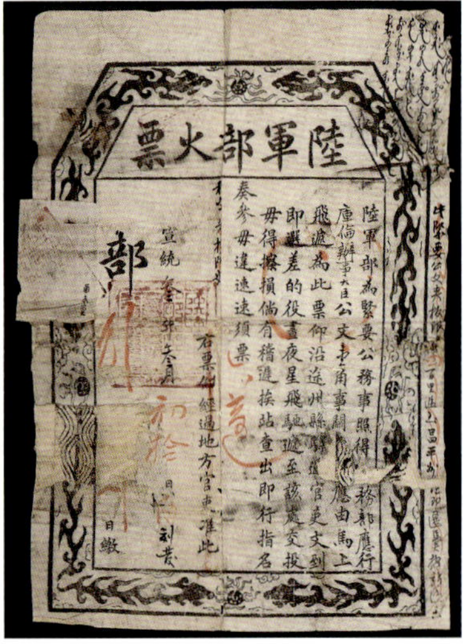


6315 宣统三年三月初十日北京陆军部发蒙古库伦紧要公文火票
估　价：RMB 100,000~200,000
成交价：RMB 287,500
中国嘉德 2017-06-22

8409 清 “梅、兰、竹、菊”背诗文川炉花钱一套四枚
估　价：RMB 1,000~30,000
成交价：RMB 115,000
尺寸不一 中国嘉德 2017-06-22

12106 宣统三年大清银币立龙伍角样币一枚
估　价：RMB 300,000~400,000
成交价：RMB 483,000
北京保利 2017-06-06

8376 清 百子图特大型花钱
估　价：RMB 180,000~300,000
成交价：RMB 207,000
直径110.6mm 中国嘉德 2017-06-22

642 1914年袁世凯戎装像共和纪念壹圆银币一枚
估　价：RMB 280,000
成交价：RMB 322,000
上海泛华 2017-09-09

7923 1969年第二版人民币铝质分币试铸样币1分、2分、5分各一枚
估　价：RMB 400,000~800,000
成交价：RMB 1,104,000
中国嘉德 2017-12-23

8810 宣统改民国元年（1912年）大清银行兑换券改中国银行兑换券北京伍圆
估　价：RMB 150,000~300,000
成交价：RMB 483,000
中国嘉德 2017-12-23

511 民国十二年造龙凤壹圆银币一枚
估　价：RMB 150,000
成交价：RMB 356,500
上海泛华 2017-09-09

652 民国十六年中华民国国民政府造孙中山像壹圆纪念银币样币一枚
估　价：RMB 480,000
成交价：RMB 701,500
上海泛华 2017-09-09

5411 民国 张作霖中华民国十六年伍拾圆龙凤金币
估　价：RMB 3,800,000~7,000,000
成交价：RMB 9,085,000
西泠拍卖 2017-07-17

2054 1975年第二版人民币硬分币“工农学”未采用稿试铸样币1分、2分、5分各一枚
估　价：RMB 300,000~500,000
成交价：RMB 644,000
北京诚轩 2017-06-21

1931 民国十五年张作霖戎装像陆海军大元帅纪念银币样币一枚
估　价：RMB 1,800,000~2,200,000
成交价：RMB 2,070,000
北京诚轩 2017-06-21

1456 民国二十三年（1934年）中国银行牛耕地壹圆
估　价：RMB 60,000
成交价：RMB 115,000
上海泛华 2017-09-09

12142 1995年中国人民银行发行生肖乙亥（猪年）纪念金币
估　价：RMB 300,000~400,000
成交价：RMB 322,000
北京保利 2017-06-06

2055 1975年第二版人民币硬分币“农作物”未采用稿试铸样币1分、2分、5分各一枚
估　价：RMB 300,000~500,000
成交价：RMB 736,000
北京诚轩 2017-06-21

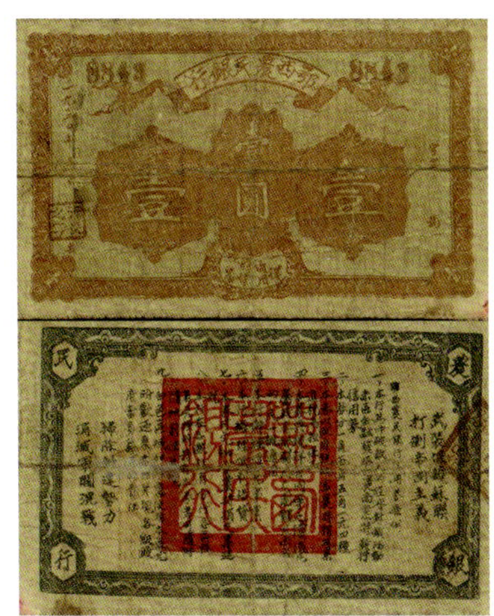

1833 1930年鄂西农民银行壹圆
估　价：RMB 40,000
成交价：RMB 299,000
上海阳明 2017-06-17

7379 民国二十九年（1940年）江南商业货币券壹圆
估　价：RMB 150,000~200,000
成交价：RMB 264,500
中国嘉德 2017-06-23

2202 民国十一年（1922年）中国银行有限公司（商股）股票
估　价：RMB 50,000
成交价：RMB 460,000
上海阳明 2017-06-18

5537 1949年第一版人民币壹佰元大帆船
估　价：RMB 120,000~150,000
成交价：RMB 138,000
西泠拍卖 2017-07-17

1424 1951年第一版人民币伍仟圆“蒙古包”一枚
估　价：RMB 600,000~800,000
成交价：RMB 1,380,000
北京诚轩 2017-06-22

5536 1951年第一版人民币壹仟元马饮水
估　价：RMB 240,000~280,000
成交价：RMB 276,000
西泠拍卖 2017-07-17

1430 1951年第一版人民币壹万圆“牧马”一枚
估 价：RMB 1,300,000~1,500,000
成交价：RMB 1,495,000
北京诚轩 2017-06-22

1303 清“状元及第”背“福禄”大型苏炉花钱一枚
估 价：RMB 30,000
成交价：RMB 92,000
上海泛华 2017-09-09

7953 丙午（1906年）户部大清银币“中”字壹两银质样币（LM16）
估 价：RMB 50,000~300,000
成交价：RMB 437,000
中国嘉德 2017-06-23

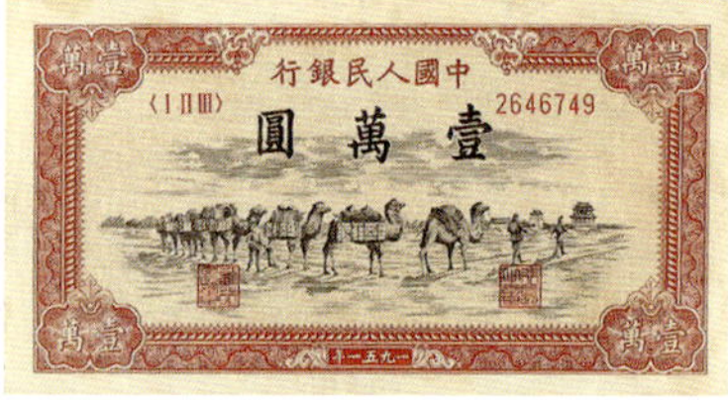

5535 1951年第一版人民币壹万圆骆驼队
估 价：RMB 250,000~300,000
成交价：RMB 287,500
西泠拍卖 2017-07-17

5522 民国元年（1912年）李鸿章像大清银行兑换券加盖改作中国银行兑换券拾圆上海
估 价：RMB 270,000~400,000
成交价：RMB 310,500
西泠拍卖 2017-07-17

1171 清末度支部印刷局、民国时期财政部印刷局《钢版雕刻图》精装本（一册）
估　价：RMB 1,500,000~1,800,000
成交价：RMB 1,840,000
北京诚轩 2017-06-22

1590 清代浙江“三年 新关 通裕”五两圆锭一枚
估　价：RMB 60,000~80,000
成交价：RMB 713,000
重187.2g 北京诚轩 2017-06-21

7761 大清帝国　钦差出使大臣一等肃毅侯李“赏”字鎏金奖牌
估　价：RMB 5,000~10,000
成交价：RMB 184,000
中国嘉德 2017-06-23

552 青天白日勋章
估　价：RMB 200,000~300,000
成交价：RMB 230,000
章直径6cm 北京银座 2017-06-07

7962 丁未（1907年）大清银币贰角银质样币（LM22）
估　价：RMB 10,000~30,000
成交价：RMB 402,500
中国嘉德 2017-06-23

8 中国澳门2012年中国银行极大西洋银行生肖贺岁钞壹拾元券三连张100连号一组共二百张
估　价：RMB 300,000~500,000
成交价：RMB 920,000
北京保利 2017-09-10

# 邮 品

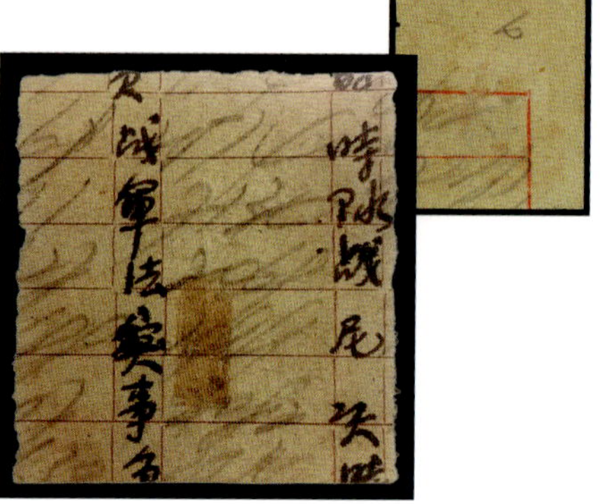

11560 1943年五角星图20分加盖宋体“稿”字新票一枚
成交价：RMB 3,105,000
北京保利 2017-12-23

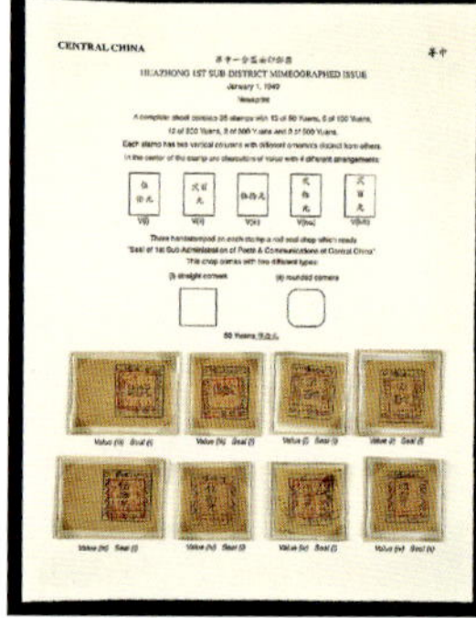
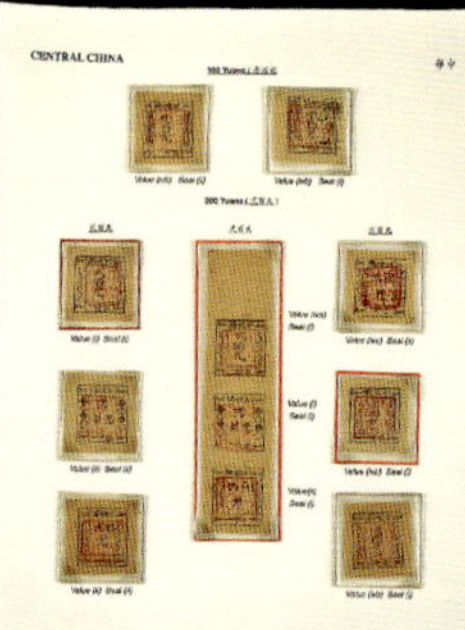
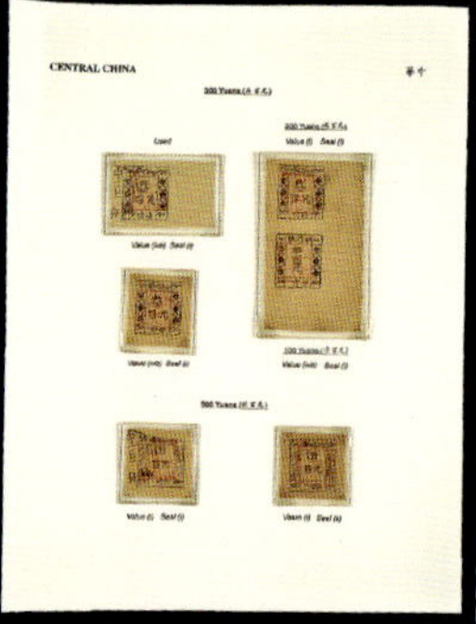

11694 1949年华中一分区油印邮票大全套一组共二十五枚
估 价：RMB 800,000~1,200,000
成交价：RMB 2,185,000
北京保利 2017-12-23

46 1925年北京二版帆船4分加盖“暂作叁分”新票
估 价：RMB 500,000~800,000
成交价：RMB 1,380,000
北京保利 2017-09-10

115 1967年全国山河一片红未发行邮票一枚
估 价：RMB 400,000~600,000
成交价：RMB 632,500
北京保利 2017-09-10

10218 1897年再版慈禧寿辰纪念大字短距加盖改值新票全套八枚
估 价：RMB 100,000~150,000
成交价：RMB 115,000
北京保利 2017-06-09

11605 1944年第二版无面值“单位”邮票，新票全套六枚
估 价：RMB 300,000~500,000
成交价：RMB 632,500
北京保利 2017-12-23

12244 1968年黑题词8分旧票一枚
估 价：RMB 300,000~400,000
成交价：RMB 609,500
北京保利 2017-12-22

11689 1967年文7西风新票全张断版五十枚
估 价：RMB 200,000~300,000
成交价：RMB 230,000
北京保利 2017-06-09

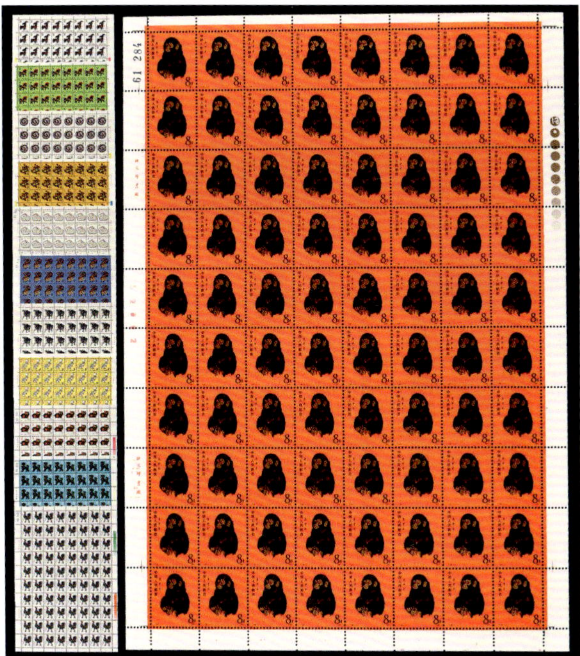

6601 ★ T46至T159第一轮生肖邮票八十枚全张十二全
估　价：RMB 1,100,000~1,300,000
成交价：RMB 1,437,500
中国嘉德 2017-06-22

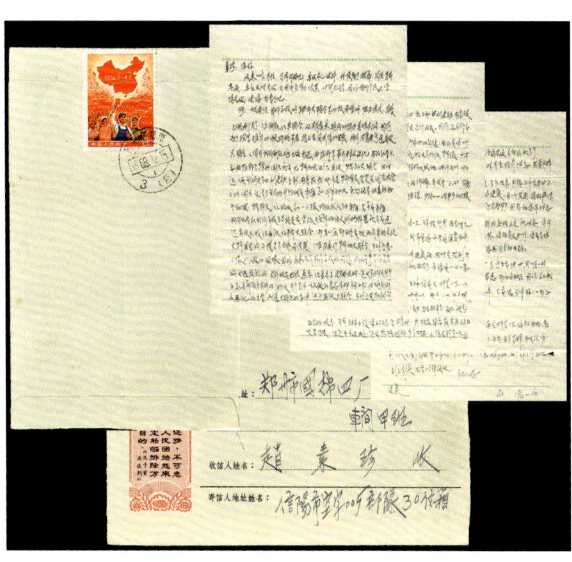

12043 1968年河南信阳寄郑州文革封，文革时期毛主席头像语录彩图小型封，背贴全国山河一片红8分邮票一枚
估　价：RMB 2,800,000~3,800,000
成交价：RMB 4,830,000
北京保利 2017-12-22

111 1962年纪94梅兰芳舞台艺术小型张首日封
估　价：RMB 60,000~80,000
成交价：RMB 92,000
北京保利 2017-09-10

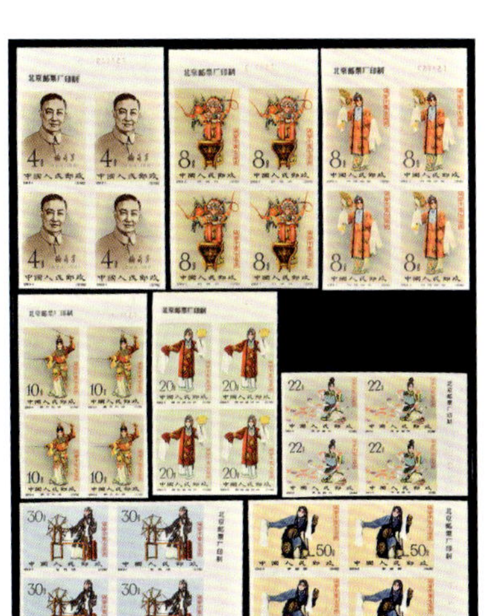

7060 ★ 纪94梅兰芳无齿邮票四方连八全
估　价：RMB 150,000~300,000
成交价：RMB 805,000
中国嘉德 2017-12-22

6695 ★ 北京一版帆船邮票2元一枚
估　价：RMB 1,200,000~1,500,000
成交价：RMB 1,380,000
中国嘉德 2017-12-22

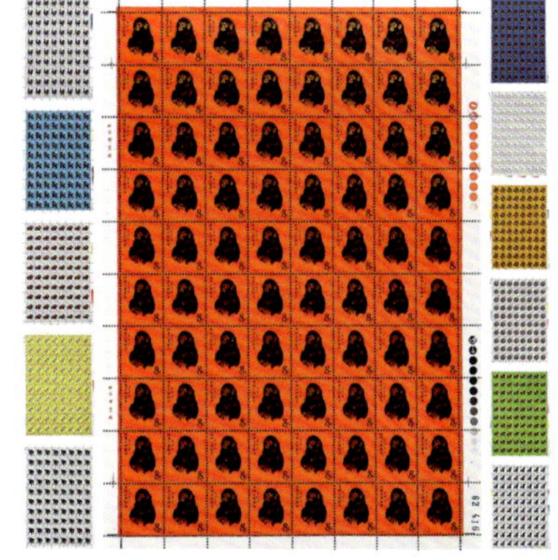

121 1980-1991年十二生肖大全套版张
估　价：RMB 1,750,000~2,000,000
成交价：RMB 2,012,500
北京保利 2017-09-10

6522 ★ 莫伦道夫版慈禧寿辰纪念邮票全格九全
估　价：RMB 1,100,000~1,800,000
成交价：RMB 1,265,000
中国嘉德 2017-12-22

10203 清代大龙手绘设计样稿两件
估　价：RMB 1,000,000~1,500,000
成交价：RMB 1,150,000
北京保利 2017-12-22

11698 苏中区1946年金沙区寄镇政府实寄封，贴第一版有面值10分南通紫色手盖“改作便邮”倒盖邮票一枚
估　价：RMB 200,000~500,000
成交价：RMB 552,000
北京保利 2017-12-23

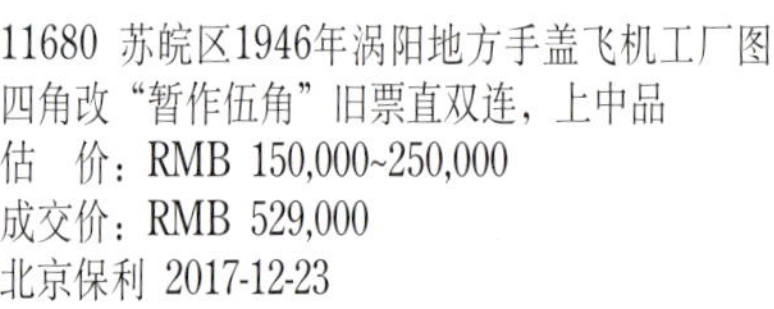

11680 苏皖区1946年涡阳地方手盖飞机工厂图四角改“暂作伍角”旧票直双连，上中品
估　价：RMB 150,000~250,000
成交价：RMB 529,000
北京保利 2017-12-23

6976 C 1963年北京寄美国航空封两件
估　价：RMB 400,000~600,000
成交价：RMB 460,000
中国嘉德 2017-12-22

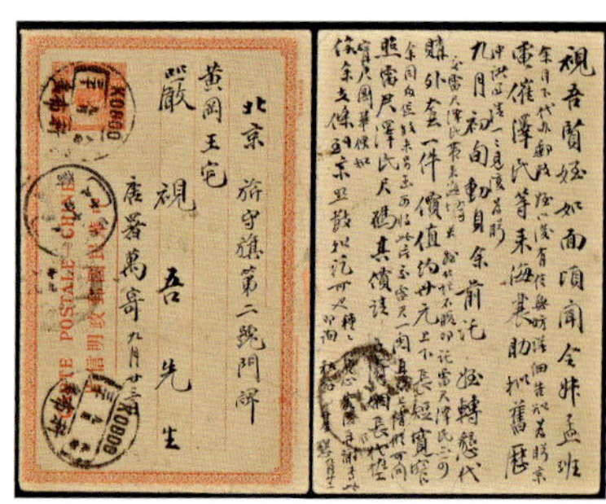

6754 PS 1919年唐努乌梁海都护使署寄北京明信片
估　价：RMB 1,900,000~3,000,000
成交价：RMB 2,185,000
中国嘉德 2017-12-22

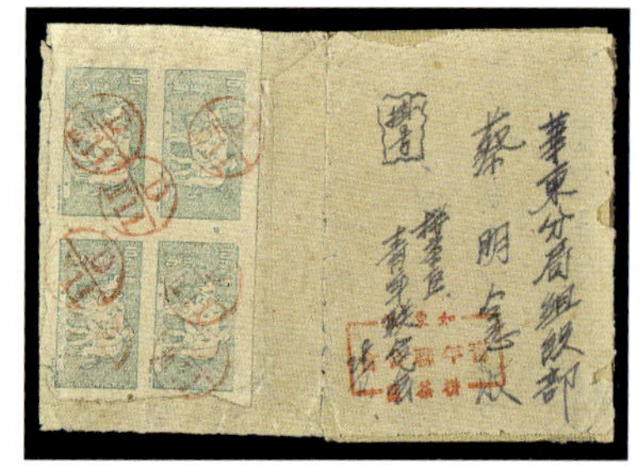

11695 苏中区1945年如东县拼茶区青年联合会寄华东分局组织部挂号封，背贴苏中区第一版有面值邮票10分四方连
估　价：RMB 200,000~500,000
成交价：RMB 632,500
北京保利 2017-12-23

11652 苏皖边区邮政1946年不同图案纪念邮票未采用反试印样票直三连一件
估 价：RMB 250,000~500,000
成交价：RMB 552,000
北京保利 2017-12-23

2717 ◯1968年“全国山河一片红”撤销发行邮票一枚
成交价：RMB 379,500
北京诚轩 2017-06-22

92 华东区1949年生产图伍仟圆及壹万圆加盖样票各一枚
估 价：RMB 20,000~30,000
成交价：RMB 34,500
北京保利 2017-09-10

2702 ★1964年特62“京剧脸谱”未发行邮票10分“廉颇”一枚
估 价：RMB 500,000~700,000
成交价：RMB 977,500
北京诚轩 2017-06-22

6238 ★ 红印花加盖暂作邮票1分十五方连
估 价：RMB 50,000~80,000
成交价：RMB 63,250
中国嘉德 2017-06-22

6565 ★ 特54儿童无齿邮票五十枚全张十二全
估 价：RMB 160,000~200,000
成交价：RMB 218,500
中国嘉德 2017-06-22

2688 M/S 1962年纪94M“梅兰芳舞台艺术”小型张一枚
估 价：RMB 40,000~50,000
成交价：RMB 64,400
北京诚轩 2017-06-22

10397 费拉尔设计呈阅批改大清国洋壹分邮资明信片样片一件
估　价：RMB 700,000~1,000,000
成交价：RMB 1,748,000
北京保利 2017-06-09

10398 费拉尔设计大清国蓝色银壹分样片一件
估　价：RMB 700,000~1,000,000
成交价：RMB 1,725,000
北京保利 2017-06-09

11210 华东区华中邮政1942年淮南第一版无面值单位票
估　价：RMB 80,000~120,000
成交价：RMB 126,500
北京保利 2017-06-09

11216 华东区苏1944年苏中第二版无面值有齿新票全套六枚
估　价：RMB 150,000~200,000
成交价：RMB 80,500
北京保利 2017-06-09

6557 ★ 纪20伟大的苏联十月革命三十五周年纪念邮票（错版撤销发行）四枚全
估　价：RMB 400,000~800,000
成交价：RMB 655,500
中国嘉德 2017-06-22

6600 ★ T46庚申年（猴）邮票四方连
估　价：RMB 30,000~60,000
成交价：RMB 60,950
中国嘉德 2017-06-22

11632 新中国1949-1986年新票大全套置于灯塔定位二册
估　价：RMB 250,000~300,000
成交价：RMB 402,500
北京保利 2017-06-09

# 古籍善本

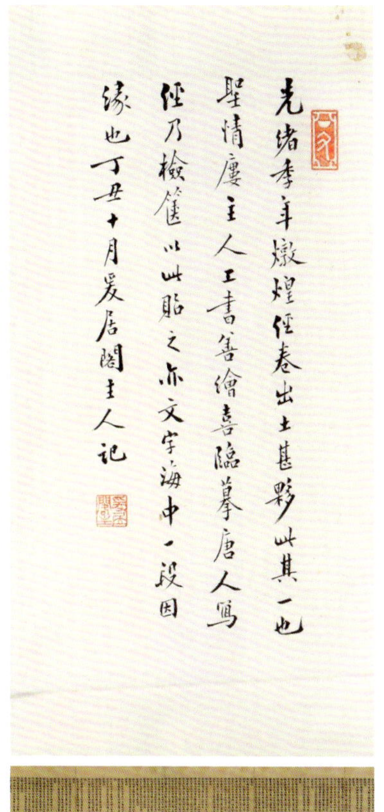

7 南北朝时期写《佛说佛名经卷第二》（十二卷本）
著录：《伍伦经眼古经图录》第39号，方广锠、李际宁编著，国家图书馆出版社，即将出版。
估 价：RMB 3,500,000~3,500,000
成交价：RMB 14,950,000
28cm×504cm 北京伍伦 2017-11-15

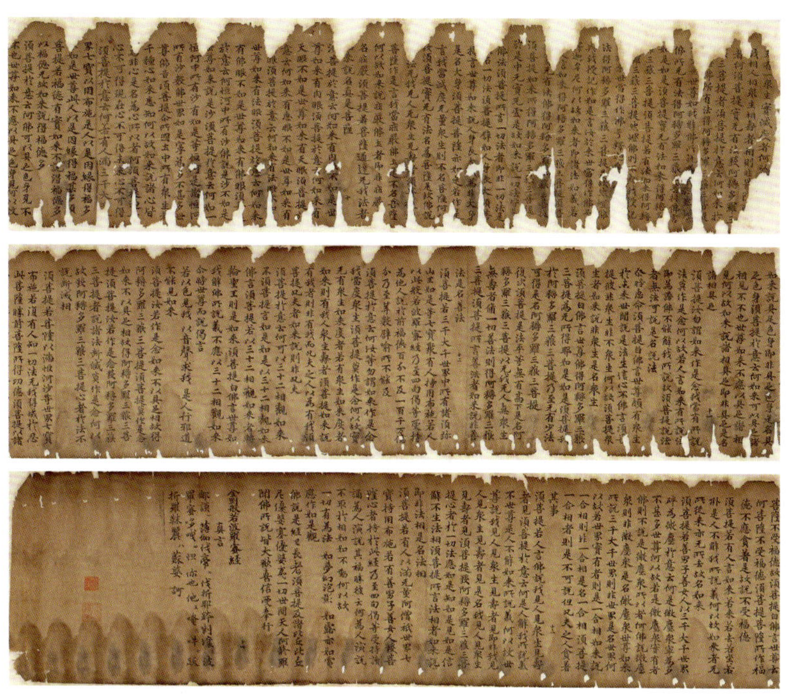

1746 8世纪刻经 镜心
鉴藏印：大公无私、康生
估 价：RMB 15,000~20,000
成交价：RMB 2,645,000
26cm×305cm 北京匡时 2017-03-30

1087 北宋金粟山大藏经写本《大般若波罗蜜多经卷第五百八十三》册页（九开）
估 价：RMB 1,000,000~1,500,000
成交价：RMB 5,865,000
29.4cm×11.4cm×9 北京荣宝 2017-12-02

769 乾隆皇帝 乾隆己丑（1769年）作 行书智严经 册页（36开）
钤印：乾・隆、得大自在
估　价：RMB 48,000,000~68,000,000
成交价：RMB 63,250,000
29.5cm × 23cm × 36 中国嘉德 2017-06-19

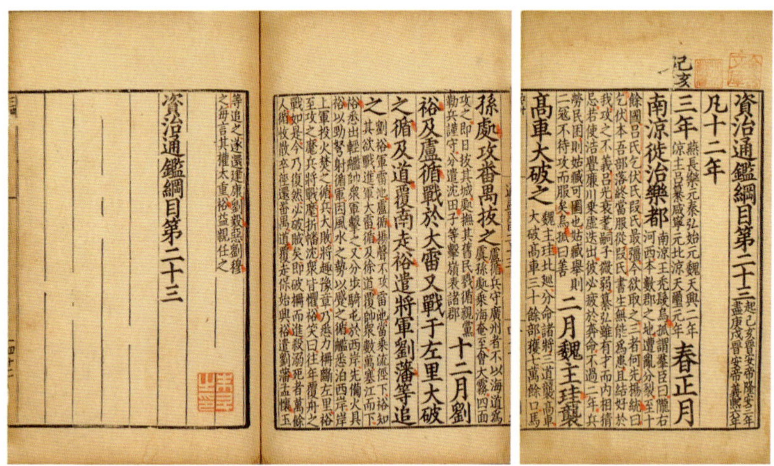

資治通鑑綱目第二十三

資治通鑑綱目第二十三

凡十二年

己亥 三年

南涼徙治樂都

春正月

二月魏主珪襲高車大破之

孫處攻番禺拔之

十二月劉

裕及盧循戰於大雷又戰于左里大破之

循及道覆南走裕遣將軍劉藩等追

4619 南宋江西庐陵官刻初印孤本《资治通鉴纲目卷第二十三》
估　价：RMB 2,000,000~3,000,000
成交价：RMB 3,450,000
半框21.6cm × 16.3cm；开本29.5cm × 20.3cm
西泠拍卖 2017-07-17

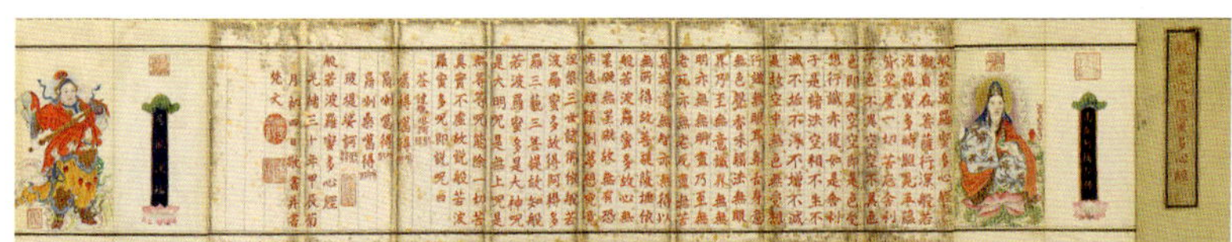

1070 1904年作 慈禧 朱砂楷书抄写般若波罗蜜多心经并书梵文 册页
估　价：RMB 1,500,000~2,000,000
成交价：RMB 2,242,500
23cm × 9.5cm × 12 上海匡时 2017-11-05

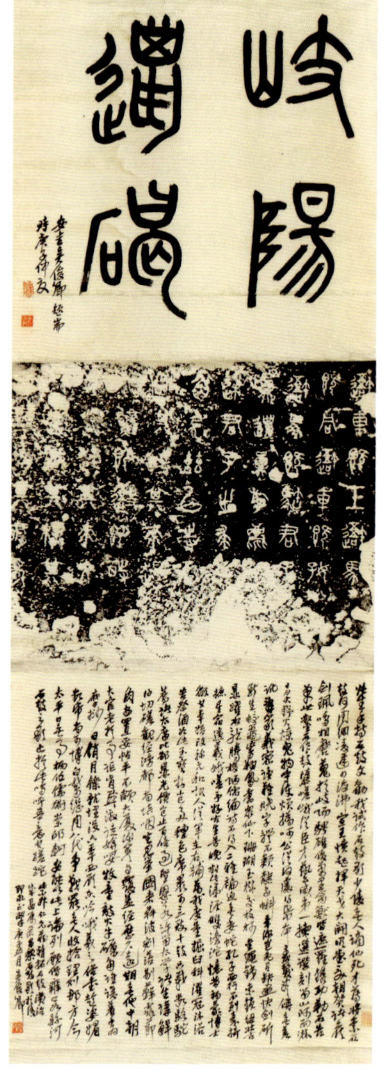

796 1900年作 吴昌硕 墨拓石鼓文并行书石鼓歌 立轴
估　价：RMB 180,000~280,000
成交价：RMB 4,370,000
161cm × 56cm 上海泓盛 2017-06-27

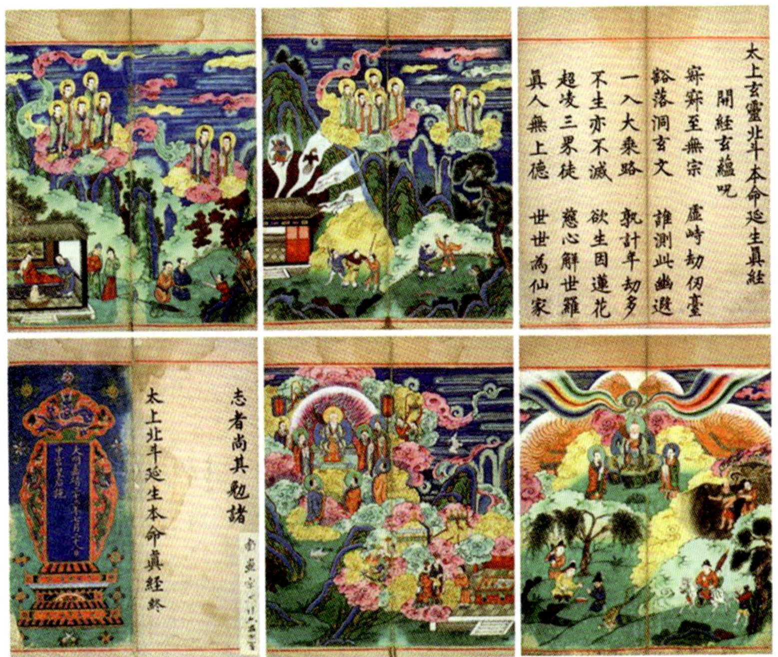


133 明 嘉靖皇后施写彩绘本《太上玄灵北斗本命延生真经》
估　价：RMB 5,000,000~8,000,000
成交价：RMB 8,280,000
13.5cm×34.1cm 中贸圣佳 2017-06-18

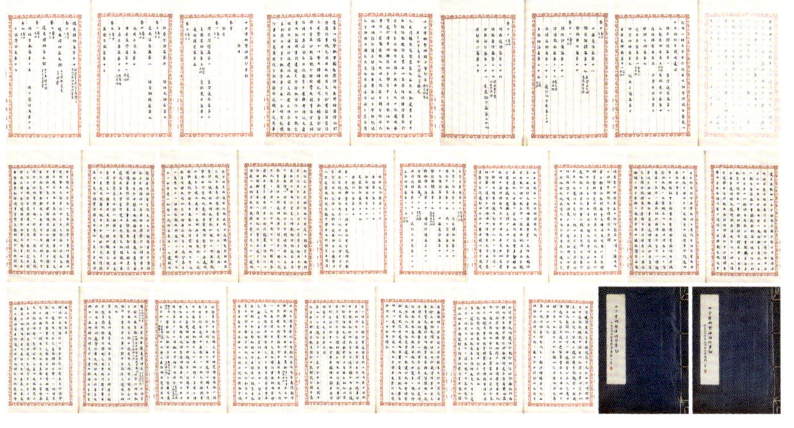

254 1933年作；1935年作 弘一 《四分律删繁补阙行事钞》二册 册页（三百八十四开）
出版：《四分律删繁补阙行事钞》二册，人民美术出版社，2014年。
估　价：RMB 22,000,000~32,000,000
成交价：RMB 32,200,000
25.5cm×18.5cm 华艺国际 2017-11-25

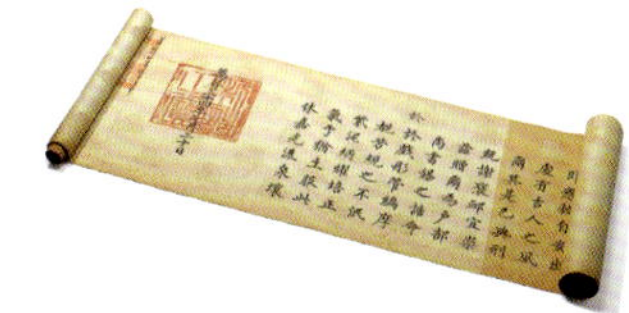

3029 明万历 织锦圣旨
估　价：HKD 150,000~250,000
成交价：RMB 404,225
270cm×30cm 佳士得 2017-11-29

1448 嘉华露 1930年 民国上海等地风景民俗（86张）
估　价：RMB 400,000~600,000
成交价：RMB 552,000
最大40cm×30cm；最小26cm×30cm 北京华辰 2017-06-05

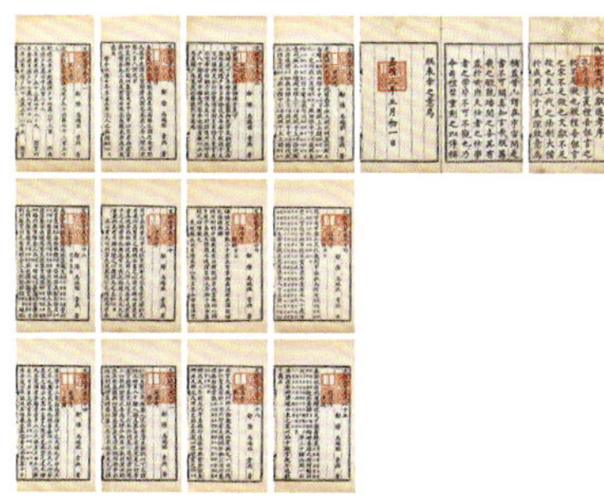

2372 马端临 撰 文献通考 三百四十八卷
钤印：广运之宝、表章经史之宝
著录：《中国古籍善本总目》史部政书类第639页。
成交价：RMB 14,950,000
26cm×18cm 中国嘉德 2017-12-20

114 1966年纪122纪念我们的文化革命先驱—鲁迅雕刻印样（一件）
估　价：RMB 300,000~500,000
成交价：RMB 345,000
2.5cm×3.0cm 北京保利 2017-09-10

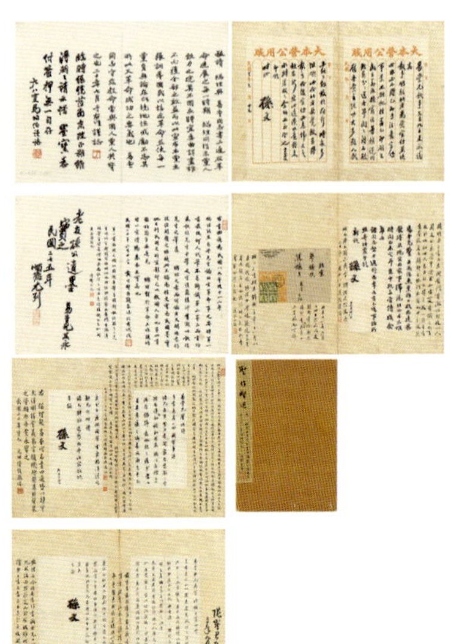

2618 1922、1923年作 孙中山书，马相伯、尤 列、于右任、胡汉民、张默君、邵元冲、戴季陶跋 致民国最高法院院长焦易堂信札册
估 价：RMB 1,200,000~1,800,000
成交价：RMB 4,140,000
册页36.5cm×25cm 西泠拍卖 2017-07-16

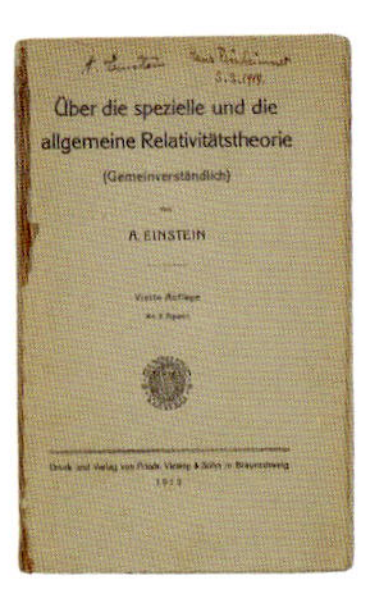

42 爱因斯坦 1919年作 爱因斯坦亲笔签名德语精装本《狭义和广义相对论浅说》
估 价：RMB 180,000
成交价：RMB 230,000
14.3cm×22.4cm 北京伍伦 2017-11-15

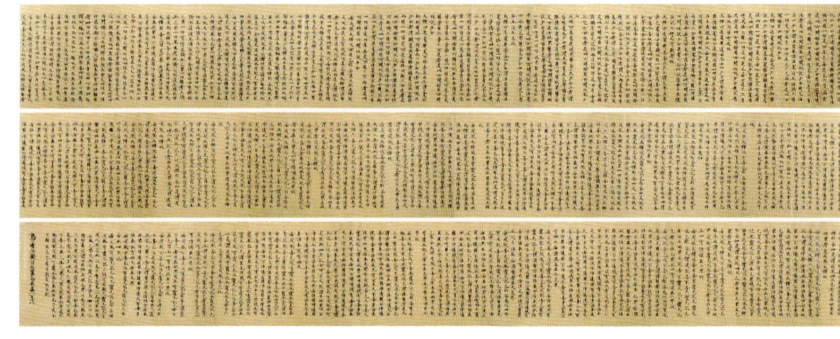

123 发智大毗沙论卷第一百二十八（敦煌写经）
估 价：RMB 1,200,000~1,300,000
成交价：RMB 6,440,000
25.5cm×604cm 北京保利 2017-12-18

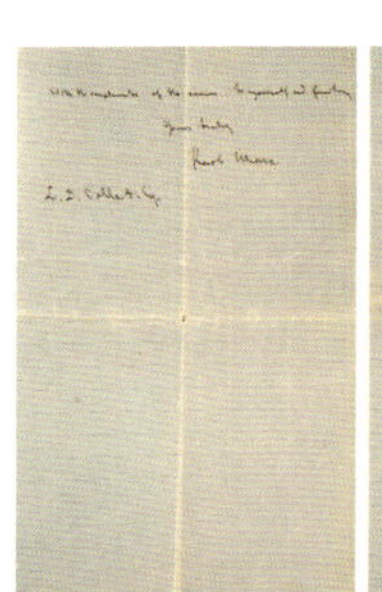

25 卡尔·马克思 1868年12月30日作 卡尔·马克思致密友、英国著名报人科勒特·多布森·科勒特亲笔信
估 价：RMB 1,500,000
成交价：RMB 2,300,000
20.9cm×13.3cm 北京伍伦 2017-11-15

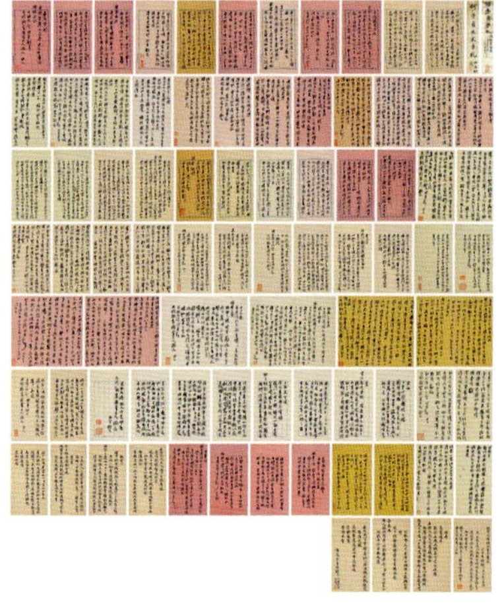

1572 何绍基 牛鉴 致李星沅信札册 册页（八十一页）
估 价：RMB 350,000~550,000
成交价：RMB 3,680,000
尺寸不一 中国嘉德 2017-12-20

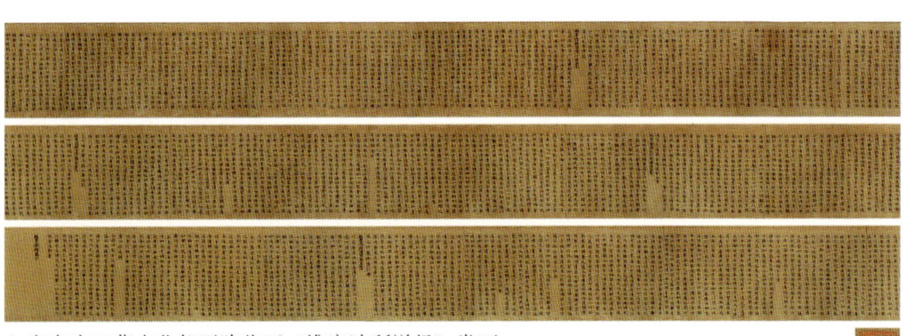

4 康有为旧藏南北朝至隋代写《维摩诘所说经》卷下
鉴藏印：南海藏经
估 价：RMB 3,800,000
成交价：RMB 4,370,000
24.5cm×700cm 北京伍伦 2017-11-15

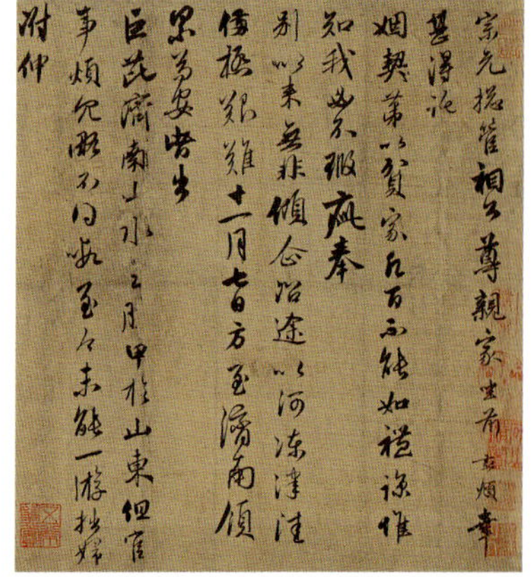

467 赵孟頫 致宗元总管札 册片
备注：中国美术学院出版社、台北故宫博物院等刊物有著。
估 价：RMB 25,000,000~35,000,000
成交价：RMB 28,750,000
29.7cm×27.8cm 中国嘉德 2017-12-18

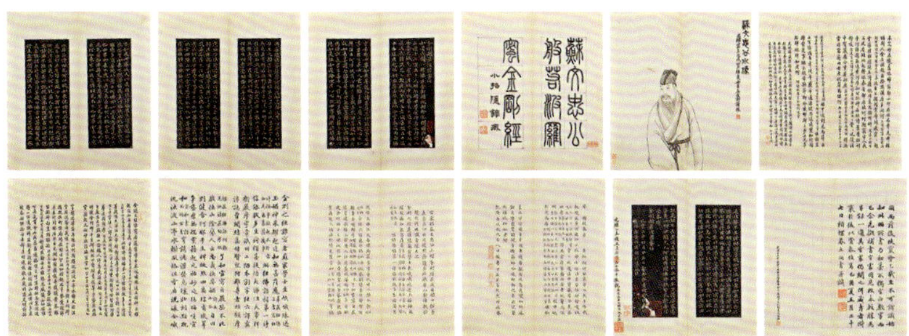

2319 苏轼金刚般若波罗蜜经帖
估　价：RMB 5,000~10,000
成交价：RMB 2,587,500
19.8cm×8cm 中国嘉德 2017-12-20

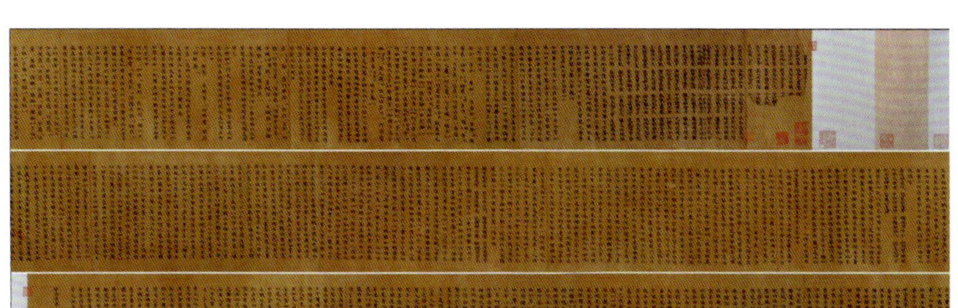

1 溥侗题签，吴士鉴、刘海粟旧藏 敦煌写经《妙法莲华经卷第七》
估　价：RMB 2,300,000
成交价：RMB 2,760,000
24.3cm×560.7cm 北京伍伦 2017-11-15

10 晚唐五代刻本《妙法莲华经卷第二》
估　价：RMB 7,500,000
成交价：RMB 8,740,000
27cm×657cm 北京伍伦 2017-11-15

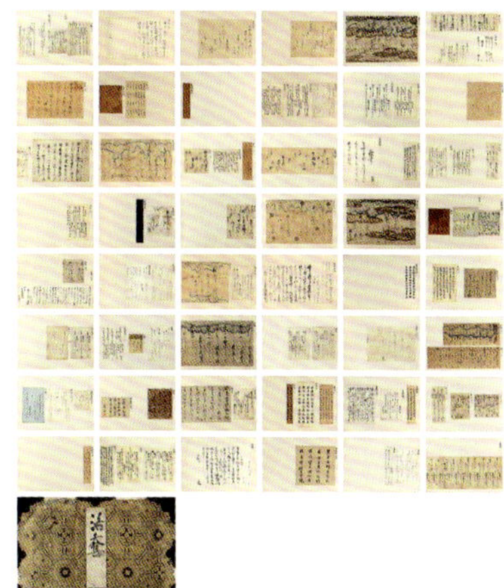

3546 张即之等 写经册（八十五帧） 册页（48开）
估　价：RMB 2,800,000~3,800,000
成交价：RMB 9,430,000
尺寸不一 北京保利 2017-06-05

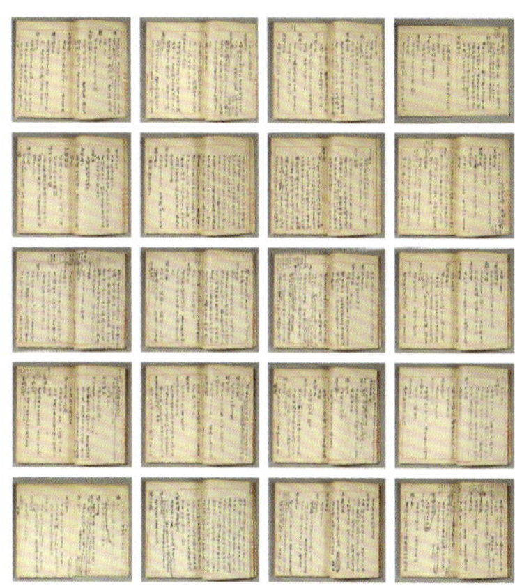

957 溥儒 手书《毛诗证诂》、《经训类编》 水墨纸本 4本共346页
成交价：RMB 2,904,006
25cm×18cm×346 纽约苏富比 2017-03-16

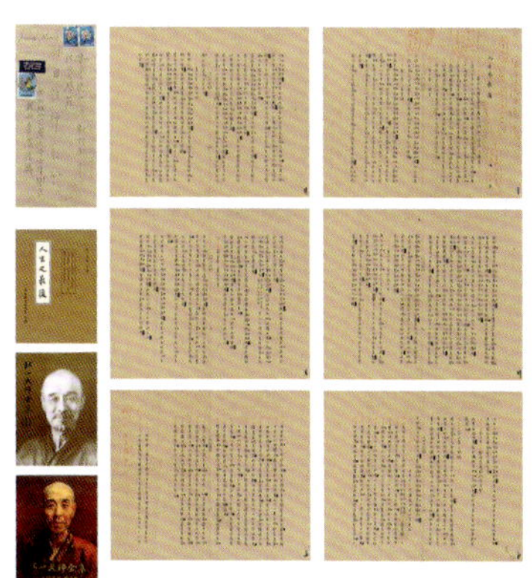

783 弘一 名篇《人生之最后》完整手稿
估　价：RMB 2,800,000~4,000,000
成交价：RMB 4,025,000
33cm×26.5cm×6 西泠拍卖 2017-07-15

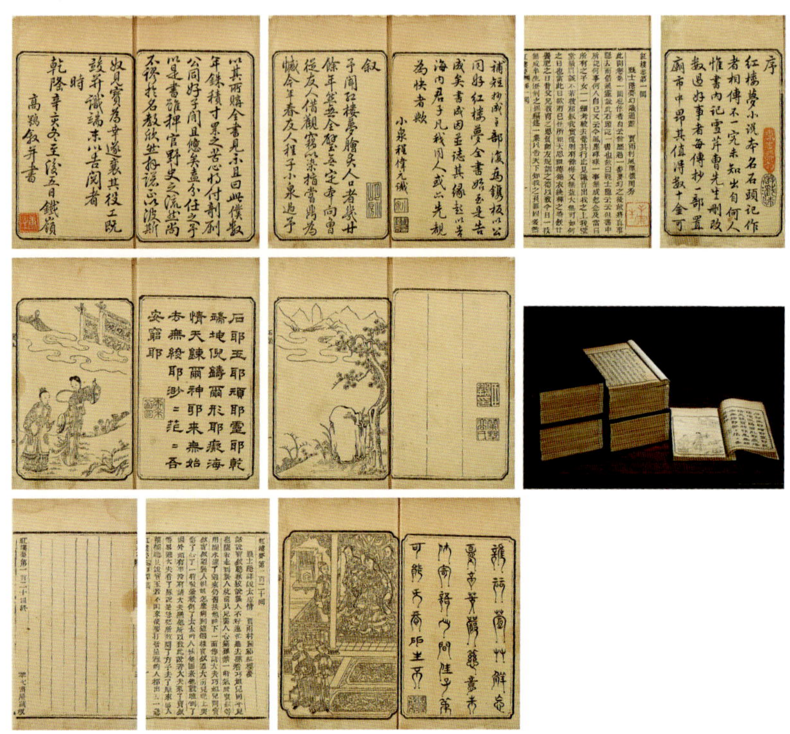

2147 康生 旧藏 程甲本《红楼梦》百二十回
钤印：康生、康生存书
估 价：RMB 200,000~500,000
成交价：RMB 24,035,000
16.5cm×11.5cm 中国嘉德 2017-06-21

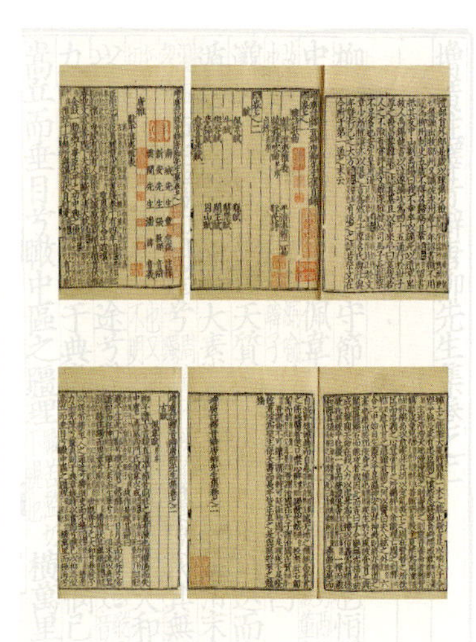

4625 嘉业堂藏元刻全帙
估 价：RMB 4,000,000~5,000,000
成交价：RMB 4,600,000
半框20.2cm×12.8cm；开本23.8cm×15cm 西泠拍卖 2017-07-17

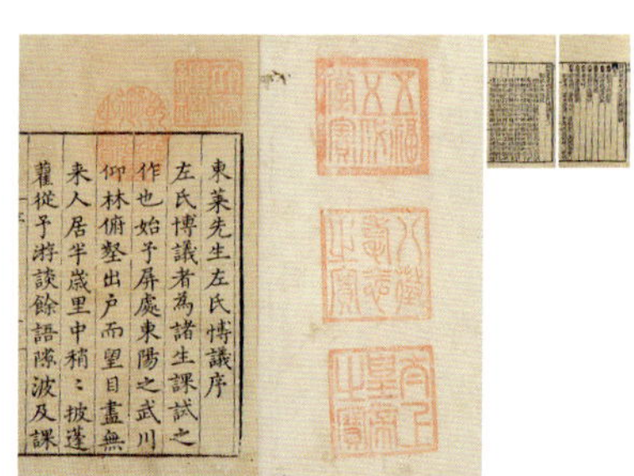

372 详注东莱先生左氏博议二十卷
估 价：RMB 3,600,000~3,800,000
成交价：RMB 6,900,000
19.1cm×11.7cm 北京保利 2017-06-05

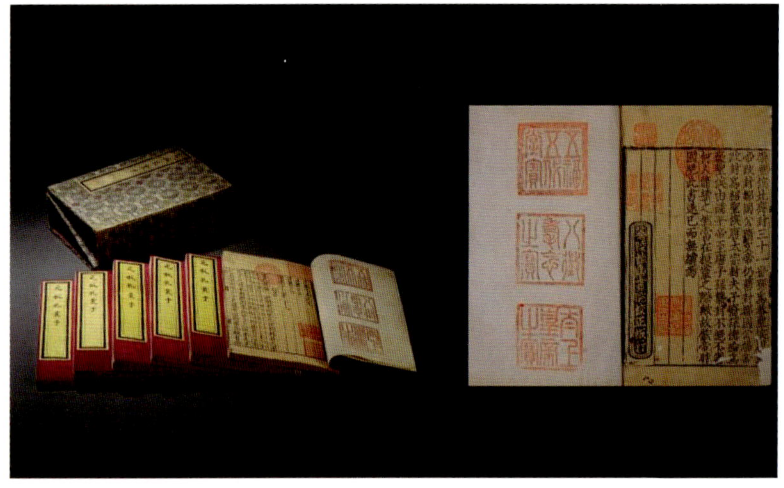

134 天禄琳琅著录元版 孔丛子七卷
著录：1.《钦定天禄琳琅书目后编》卷十元版子部（图一）；2.《故宫已佚书画目录三种·赏溥杰书画目》宣统十四年九月二十五日（图二）；3.《故宫已佚书画目录三种·收到溥杰书画目》宣统十四年十月十八日（图三）。
估 价：RMB 7,500,000~9,500,000
成交价：RMB 10,580,000
12.4cm×19.6cm 中贸圣佳 2017-06-18

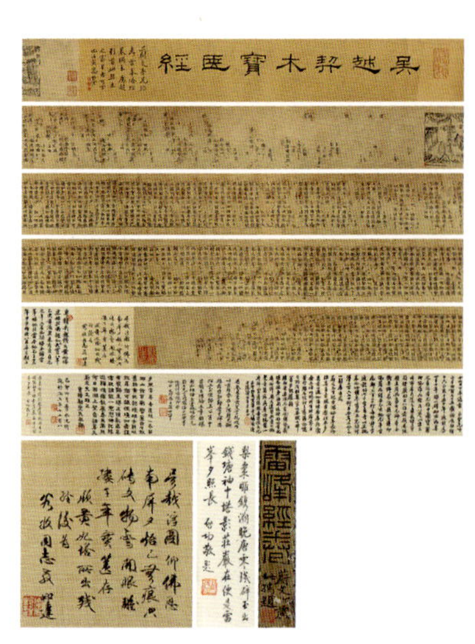

104 雷峰塔经卷 手卷
估 价：RMB 2,000,000~3,000,000
成交价：RMB 7,590,000
引首7.2cm×46cm；画心7.7cm×215.8cm；后跋7.7cm×81.6cm 广东崇正 2017-06-14

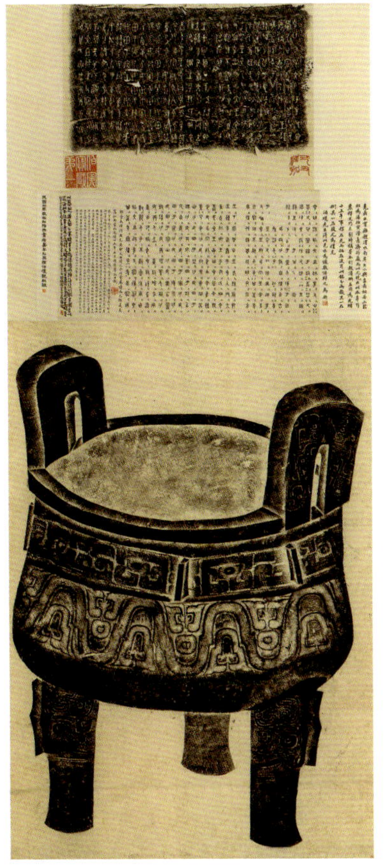

787 大克鼎全形及铭文拓片附四家题跋 立轴
出版：1.《上海文博》，2004年；2.《金石书学》，2013年3.《中国书法》，2015年。
估 价：RMB 1,600,000~2,600,000
成交价：RMB 3,910,000
199cm×88cm 中国嘉德 2017-06-19

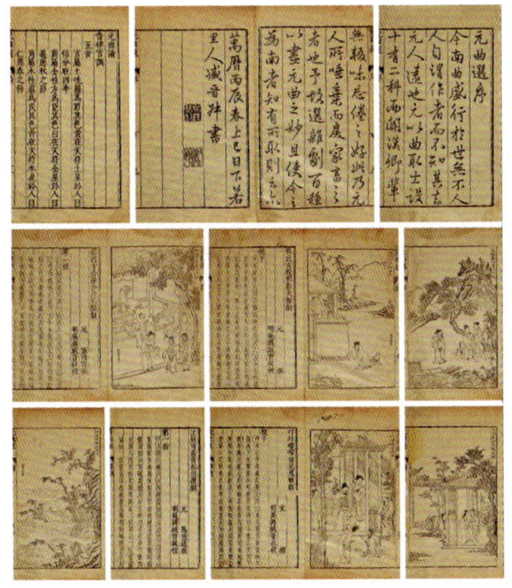

371 元曲选一百种一百卷
估 价：RMB 300,000~320,000
成交价：RMB 2,357,500
26.2cm×16.7cm 北京保利 2017-06-05

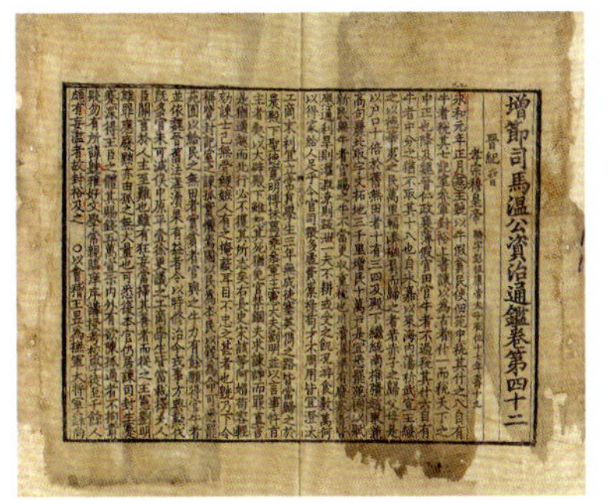

320 增节司马温公资治通鉴卷第四十二
估 价：RMB 600,000~800,000
成交价：RMB 2,070,000
24.6cm×14.8cm 中贸圣佳 2017-06-19

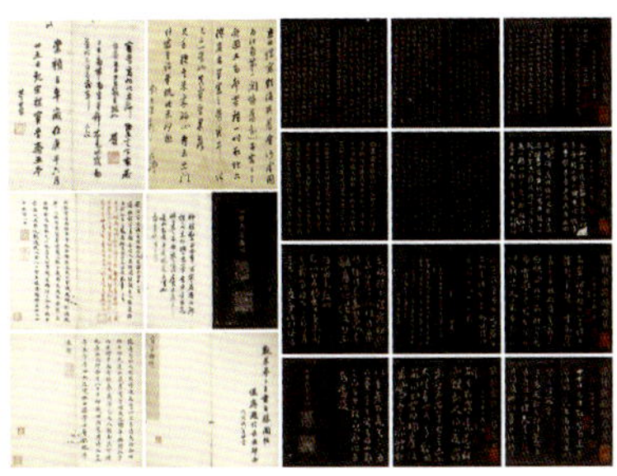

4511 陈继儒、董其昌等题跋《宋拓宝晋斋法帖五卷》（孔继涑玉虹楼藏本）
估 价：RMB 2,800,000~3,500,000
成交价：RMB 3,220,000
27.3cm×13.7cm 西泠拍卖 2017-07-17

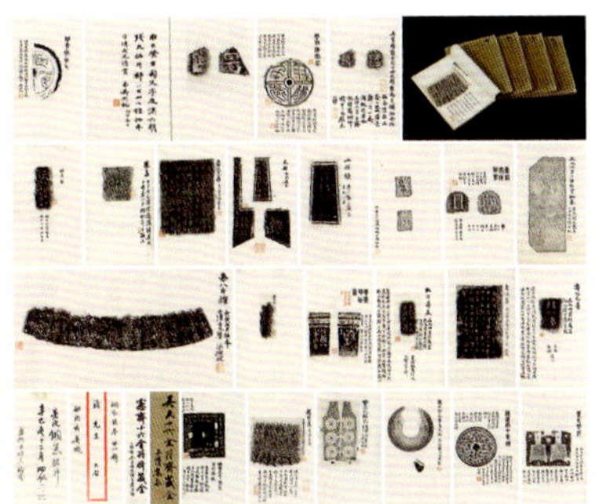

1753 陈子清旧藏手拓金石册（五册） 册页
估 价：RMB 2,000,000~4,000,000
成交价：RMB 2,300,000
尺寸不一 中国嘉德 2017-06-21

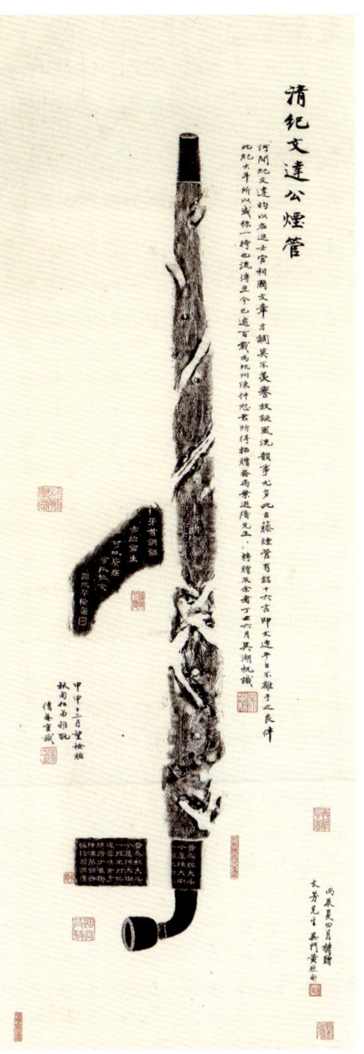

161 吴湖帆题纪晓岚烟管拓片 立轴
估 价：RMB 1,500,000~1,800,000
成交价：RMB 2,645,000
103cm×34cm 上海明轩 2017-06-30

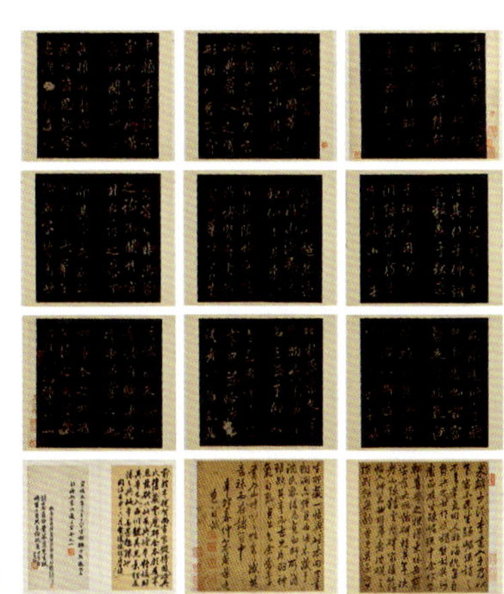

2759 宋拓 唐李邕《云麾将军李思训碑》 十七开册（选九开）
估 价：HKD 350,000~400,000
成交价：RMB 1,660,000
24.8cm×25.2cm 香港苏富比 2017-10-01

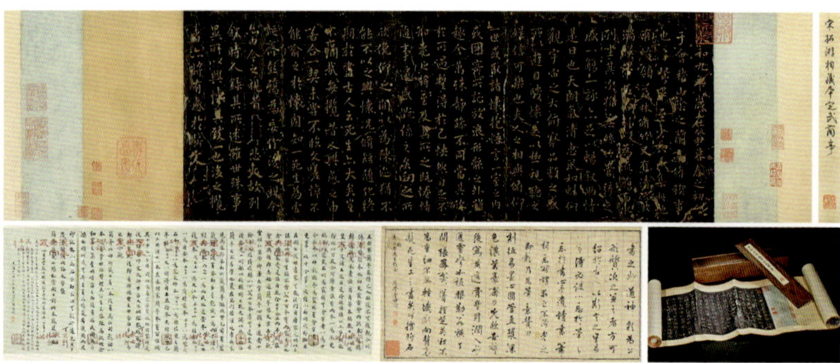

2196 定武本晋王羲之兰亭序帖
估　价：RMB 800,000~1,000,000
成交价：RMB 2,875,000
24.8cm×64.5cm 中国嘉德 2017-06-21

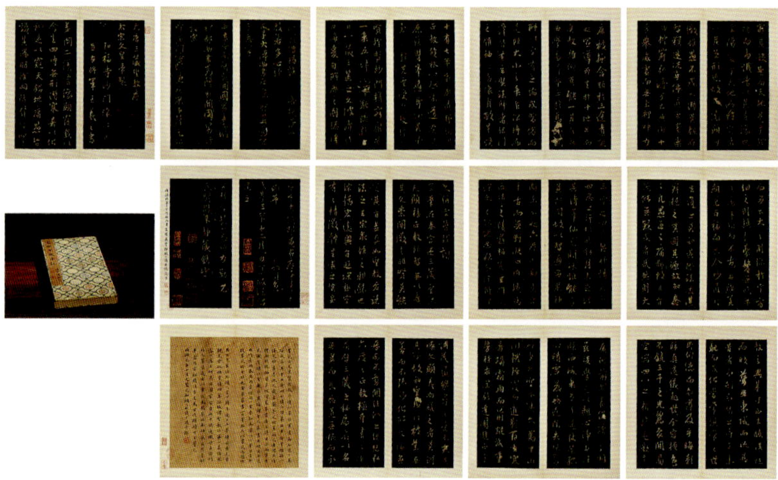

2193 唐怀仁集王右军书三藏圣教序记
来源：过云楼旧藏。著录：1、《中日平和友好条约缔结十周年纪念、中华书店创立二十五周年纪念——中国书法名品展》，东京，1988年，第81页；2、《中日平和友好条约缔结十周年纪念——中国书法名品展》，1988年，东京，第56页。
估　价：RMB 500,000~800,000
成交价：RMB 4,715,000
25.6cm×12.7cm 中国嘉德 2017-06-21

5758 莫扎特 《D大调小夜曲》乐谱原稿
估　价：RMB 1,300,000~3,000,000
成交价：RMB 1,495,000
16.2cm×21.7cm 中国嘉德 2017-06-20

2523 郎静山 黄山云海
估　价：HKD 120,000~220,000
成交价：RMB 723,938
58cm×46cm；47.8cm×39.4cm
香港苏富比 2017-04-03

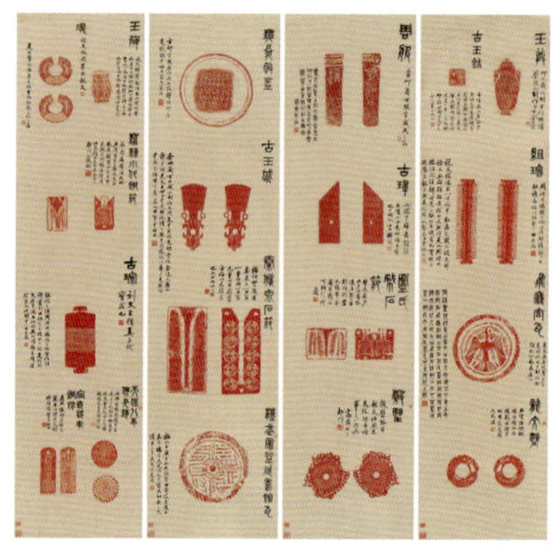

349 吴大澂 拓注金石各器 四屏立轴
来源：王文心旧藏。著录：《吴大澂金石书画展作品集》第10页，北京师范大学书法系编。
估　价：RMB 2,800,000~3,800,000
成交价：RMB 4,025,000
176cm×44cm×4 华艺国际 2017-05-27

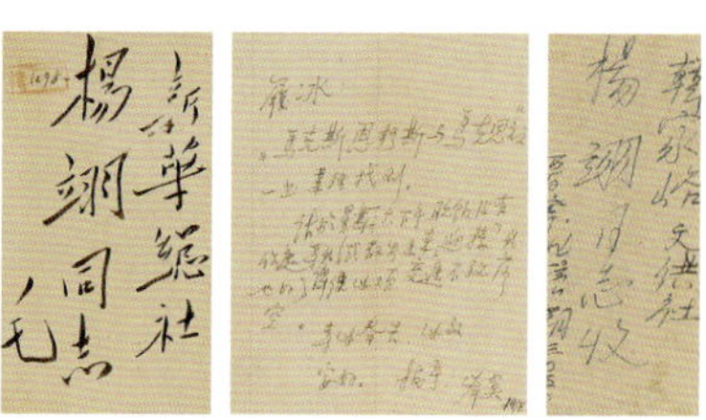

1438 毛岸英致杨翊信札及实寄封二枚
估　价：RMB 2,000,000~4,000,000
成交价：RMB 4,025,000
北京保利 2017-06-04

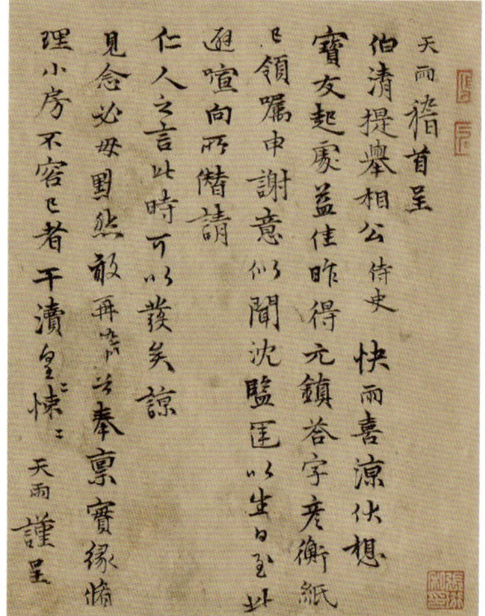

2774 张雨 致伯清信札 镜框
备注：张文魁先生旧藏。
估　价：HKD 16,000,000~20,000,000
成交价：RMB 21,995,000
27cm×23cm 香港苏富比 2017-10-01

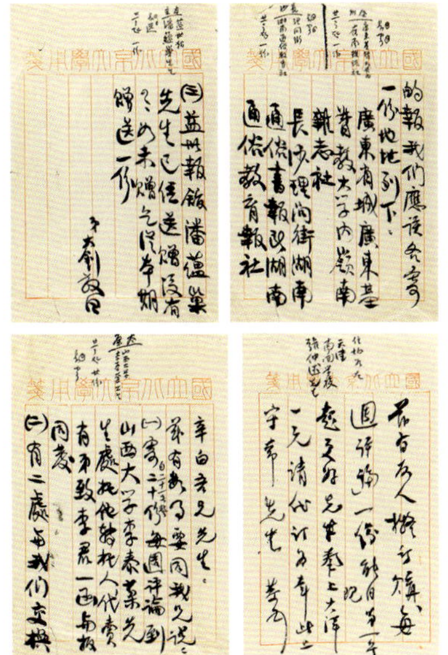

1285 李大钊致李辛白札 陶孟和致李大钊信札 镜心
估　价：RMB 2,000,000~4,000,000
成交价：RMB 3,565,000
北京保利 2017-06-04

181 张大千 山厨清供 致大猷信札 镜框
估　价：RMB 3,000,000~3,500,000
成交价：RMB 3,450,000
画69cm×132.5cm；书法36cm×89cm 上海明轩 2017-06-30

1255 1899-1905年 中国铁路总公司 清末京汉铁路修建相册（50张）
估　价：RMB 600,000~900,000
成交价：RMB 690,000
25cm×33cm 北京华辰 2017-06-05

772 明人尺牍 册页（107页）
备注：多处著录出版。
估　价：RMB 45,000,000~55,000,000
成交价：RMB 51,750,000
尺寸不一 中国嘉德 2017-06-19

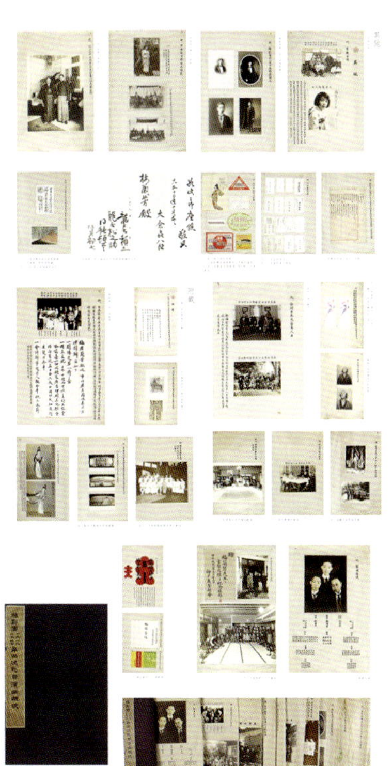

890 梅兰芳 一生访问日本珍贵影像及史料自留孤本
估　价：RMB 800,000~1,000,000
成交价：RMB 1,265,000
44.5cm×31.5cm×85 西泠拍卖 2017-07-15

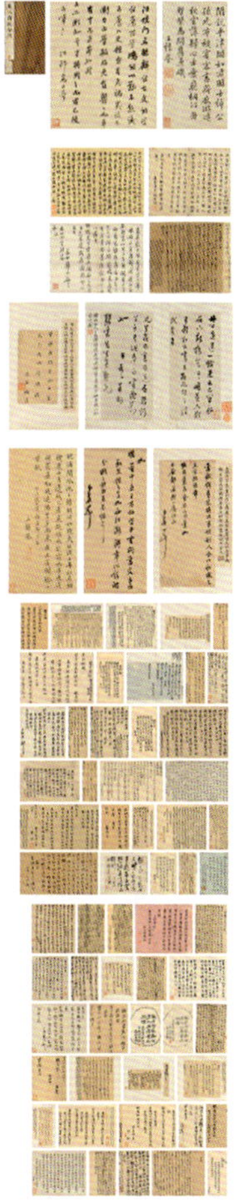

910 彭年、王穉登 王思任、祁彪佳 翁方纲、陈奕禧 姚鼐、阮元 刘墉、梁同书 张廷济等五十余家 名人诗札合璧册
估　价：RMB 400,000~600,000
成交价：RMB 4,197,500
册页31.5cm×18cm 西泠拍卖 2017-07-15

# 佳 酿

1225 1957年“金轮牌”外销贵州茅台酒（白瓷瓶）（1瓶）
估 价：RMB 2,200,000~2,500,000
成交价：RMB 2,530,000
500g 北京荣宝 2017-06-02

4120 1966年8月17日产飞天牌茅台酒(1瓶)
估 价：RMB 10,000~20,000
成交价：RMB 345,000
540ml/瓶 中国嘉德 2017-06-19

2989 1958年金轮牌茅台酒（1瓶）
估 价：RMB 850,000~950,000
成交价：RMB 977,500
540ml 北京匡时 2017-06-03

4098 1983年产五星牌地方国营茅台酒（4瓶）
估 价：RMB 10,000~20,000
成交价：RMB 230,000
540ml/瓶 中国嘉德 2017-06-19

5238 2016年贵州茅台酒80年陈酿（1瓶）
估 价：RMB 80,000~100,000
成交价：RMB 161,000
500ml 西泠拍卖 2017-07-17

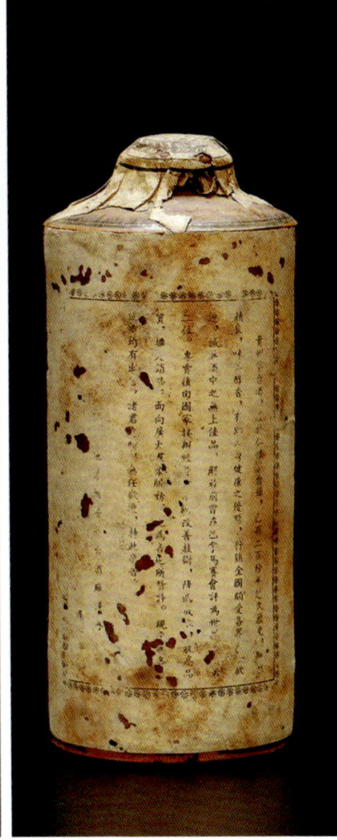

5239 50年代后期金轮牌贵州茅台酒（1瓶）
估　价：RMB 300,000~400,000
成交价：RMB 437,000
540ml 西泠拍卖 2017-07-17

1932 1987-1990年鼓瓶五粮液（12瓶）
估　价：RMB 100,000~120,000
成交价：RMB 115,000
500ml/瓶 保利厦门 2017-06-26

726 1999 五粮液（建国50周年）（1瓶）
估　价：RMB 80,000~100,000
成交价：RMB 103,500
500ml 荣宝斋（上海） 2017-07-30

5291 1985年汾酒（原箱）（24瓶）
估　价：RMB 50,000~60,000
成交价：RMB 63,250
500ml/瓶 西泠拍卖 2017-07-17

1871 1979年 塔牌绍兴加饭酒（原箱）（6坛）
估　价：RMB 50,000~80,000
成交价：RMB 207,000
1625ml/坛 西泠拍卖 2017-05-05

5299 1988年四特酒（原箱）（24瓶）
估　价：RMB 35,000~50,000
成交价：RMB 43,700
500ml/瓶 西泠拍卖 2017-07-17

5300 1991年绵竹大曲（两原箱）（24瓶）
估　价：RMB 32,000~40,000
成交价：RMB 36,800
500ml/瓶 西泠拍卖 2017-07-17

5304 1991年安酒（两原箱）（24瓶）
估　价：RMB 20,000~30,000
成交价：RMB 23,000
500ml/瓶 西泠拍卖 2017-07-17

1937 1987-1990年董酒（白标）（12瓶）
估　价：RMB 48,000~58,000
成交价：RMB 55,200
540ml/瓶 保利厦门 2017-06-26

3451 1988年泸州老窖特曲（20瓶）
估　价：RMB 76,000~90,000
成交价：RMB 87,400
500ml/瓶 华艺国际 2017-05-26

1943 1991-1992年古井贡（铁盖）（12瓶）
估　价：RMB 25,000~35,000
成交价：RMB 28,750
500ml/瓶 保利厦门 2017-06-26

2029 1985年产原箱古井亭牌汾酒（24瓶）
成交价：RMB 40,250
500ml/瓶 北京东正 2017-06-08

2024 1988年产八大名酒（8瓶）
成交价：RMB 86,250
北京东正 2017-06-08

5286 1985年凤凰牌西凤酒（原箱）（20瓶）
估　价：RMB 50,000~60,000
成交价：RMB 57,500
500ml/瓶 西泠拍卖 2017-07-17

4795 1989年 同仁堂李时珍牌参茸酒（原箱）（24瓶）
估　价：RMB 180,000~200,000
成交价：RMB 218,500
646ml/瓶 西泠拍卖 2017-07-17

3915 木桐古堡垂直年份珍藏套装1980-2014年份（共35支）
估　价：RMB 160,000~180,000
成交价：RMB 264,500
750ml/瓶 中国嘉德 2017-12-21

1873 90年代 外销塔牌绍兴花雕酒（20年陈）（2瓶）
估　价：RMB 12,000~20,000
成交价：RMB 13,800
640ml/瓶 西泠拍卖 2017-05-05

1659 25公升贵州茅台酒-百年庆典纪念装（2瓶）
估　价：HKD 480,000~550,000
成交价：RMB 538,670
2500ml/瓶 保利香港 2017-10-01

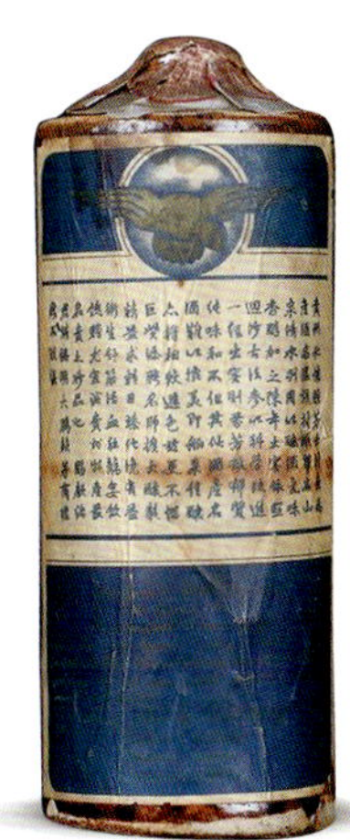

2990 赖茅（茅台前身）(1瓶)
估　价：RMB 2,250,000~3,250,000
成交价：RMB 2,587,500
540ml 北京匡时 2017-06-03

789 90年代 鸭溪窖酒（12瓶）
估　价：RMB 40,000~50,000
成交价：RMB 46,000
500ml/瓶 荣宝斋（上海） 2017-07-30

759 80年代 剑南春（方瓶）（20瓶）
估　价：RMB 120,000~150,000
成交价：RMB 149,500
500ml/瓶 荣宝斋（上海） 2017-07-30

1946 80年代郎酒（铁盖）（12瓶）
估　价：RMB 42,000~52,000
成交价：RMB 48,300
540ml/瓶 保利厦门 2017-06-26

787 90年代 习水大曲（12瓶）
估　价：RMB 40,000~50,000
成交价：RMB 46,000
500ml/瓶 荣宝斋（上海） 2017-07-30

785 90年代 全兴大曲（12瓶）
估　价：RMB 30,000~50,000
成交价：RMB 46,000
500ml/瓶 荣宝斋（上海） 2017-07-30

1736 90年代初北京二锅头12瓶（红星牌）
估　价：RMB 9,800~18,000
成交价：RMB 11,270
500ml/瓶 北京荣宝 2017-04-02

21 山崎50年第二版（1瓶）
备注：1957年入桶，2007年装瓶，限量50瓶，ABV：53%。
估　价：RMB 550,000~850,000
成交价：RMB 1,092,500
700ml 北京东正 2017-12-09

1893 轻井泽 53年－1960（1瓶）
估　价：HKD 950,000~1,200,000
成交价：RMB 1,156,518
700ml 保利香港 2017-04-02

4076 罗曼尼·康帝酒园罗曼尼·康帝特级园干红2002年份（1支）
估　价：RMB 140,000~150,000
成交价：RMB 207,000
750ml 中国嘉德 2017-12-21

20 百富传奇酒王50年（1瓶）
备注：1952年入桶，2002年装瓶，桶号：191，限量3/83，ABV：45.1%。
估　价：RMB 250,000~350,000
成交价：RMB 379,500
700ml 北京东正 2017-12-09

36 波摩-1964-42 years-黑波摩 波摩-1964-43 years-白波摩 波摩-1964-44 years-金波摩
估　价：RMB 180,000~280,000
成交价：RMB 333,500
700mi/瓶 北京东正 2017-12-09

41 大摩星座单桶威士忌系列（共21瓶）
备注：单一麦芽，年份不一。
估 价：RMB 1,200,000~1,600,000
成交价：RMB 2,530,000
700mi/瓶 北京东正 2017-12-09

3873 拉菲古堡1982年份（6支）
估 价：RMB 210,000~230,000
成交价：RMB 368,000
750ml/瓶 中国嘉德 2017-12-21

1934 波摩-1964-50 years-黑波摩（1瓶）
估 价：RMB 200,000~400,000
成交价：RMB 402,500
700ml 北京东正 2017-06-08

5040 人头马路易十三天蕴黑珍珠（1瓶）
估 价：RMB 120,000~150,000
成交价：RMB 138,000
700ml 西泠拍卖 2017-07-17

1712 2000年帕图斯酒庄 14瓶
估 价：HKD 350,000~400,000
成交价：RMB 342,790
保利香港 2017-10-01

1922 麦卡伦-50 years-1928（1瓶）
估　价：RMB 260,000~400,000
成交价：RMB 345,000
750ml 北京东正 2017-06-08

1909 阿贝-1974-双枪（两瓶）
估　价：RMB 120,000~250,000
成交价：RMB 161,000
700ml/瓶 北京东正 2017-06-08

1908 格兰菲迪-50 years （1瓶）
估　价：RMB 110,000~180,000
成交价：RMB 161,000
700ml 北京东正 2017-06-08

4987 格兰菲迪1992单一纯麦威士忌单桶
估　价：RMB 1,200,000~1,500,000
成交价：RMB 2,875,000
700ml/瓶 西泠拍卖 2017-07-17

3883 拉菲古堡1949年份（1支）
估　价：RMB 20,000~30,000
成交价：RMB 51,750
750ml 中国嘉德 2017-06-19

3015 木桐1986（12瓶）
估　价：RMB 142,000~155,000
成交价：RMB 163,300
华艺国际 2017-05-26

1944 最后一滴-50 years （1瓶）
估　价：RMB 42,000~80,000
成交价：RMB 101,200
700ml 北京东正 2017-06-08

1942 波特艾伦-1st-15th 版
估　价：RMB 260,000~400,000
成交价：RMB 322,000
北京东正 2017-06-08

5103 大依瑟索特级园干红2007 （12瓶）
估　价：RMB 80,000~100,000
成交价：RMB 184,000
西泠拍卖 2017-07-17

4982 大摩1997单一纯麦威士忌单桶
估　价：RMB 800,000~1,200,000
成交价：RMB 1,725,000
700ml 西泠拍卖 2017-07-17

3222 百富1963-50年（珍稀威士忌系列/非冷凝过滤/限量131瓶）（1瓶）
估　价：RMB 288,000~320,000
成交价：RMB 333,500
700ml 华艺国际 2017-05-26

5115 亨利·贾伊尔 依瑟索特级园干红1990（1瓶）
估　价：RMB 80,000~100,000
成交价：RMB 529,000
750ml 西泠拍卖 2017-07-17

5151 乔治·卢米 香波木西尼爱侣园一级园干红 2010（6瓶）
估　价：RMB 80,000~100,000
成交价：RMB 92,000
750ml/瓶 西泠拍卖 2017-07-17

5108 拉塔希特级园干红1959 （1瓶）
估　价：RMB 50,000~80,000
成交价：RMB 57,500
750ml 西泠拍卖 2017-07-17

4047 罗曼尼·康帝酒园罗曼尼·康帝特级园干红1996年份（1瓶）
估　价：RMB 120,000~140,000
成交价：RMB 178,250
750ml 中国嘉德 2017-06-19

4981 格兰花格1978单一纯麦威士忌单桶
估　价：RMB 600,000~800,000
成交价：RMB 2,070,000
西泠拍卖 2017-07-17

5084 桑德内格拉维尔一级园干红1976 （12瓶）
估　价：RMB 300,000~400,000
成交价：RMB 414,000
西泠拍卖 2017-07-17

# 茗　茶

3707 70年代 7532-雪印青饼（一筒7片）
估　价：RMB 300,000~400,000
成交价：RMB 586,500
共重2459g 北京匡时 2017-12-04

3679 民国初期 百年陈云号绿票圆茶（一饼）
估　价：RMB 800,000~900,000
成交价：RMB 1,058,000
重310g 北京匡时 2017-12-04

3663 民国初期 江城号圆茶（一饼）
估　价：RMB 450,000~500,000
成交价：RMB 609,500
重293g 北京匡时 2017-12-04

3681 民国初期 百年同兴号圆茶（一筒7片）
估　价：RMB 4,000,000~4,500,000
成交价：RMB 5,692,500
共重2436g 北京匡时 2017-12-04

2311 20世纪30年代 云生祥号圆茶（一片）
估　价：RMB 700,000~750,000
成交价：RMB 805,000
重369g 上海匡时 2017-11-05

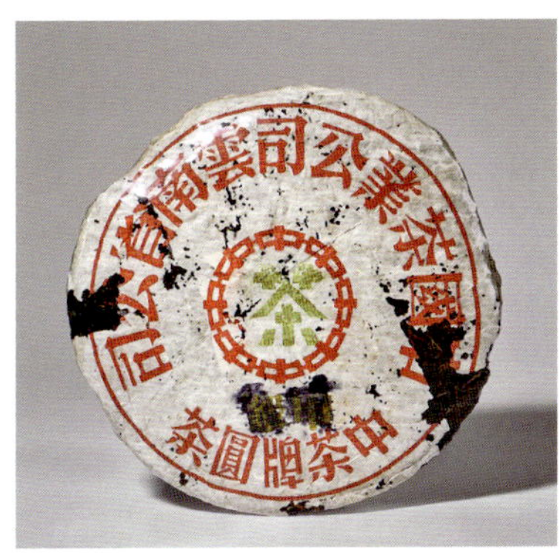


2307 20世纪50年代 甲级蓝印（一片 ）
估　价：RMB 320,000~350,000
成交价：RMB 402,500
重323g 上海匡时 2017-11-05

3697 民国初期 可以兴砖茶（一块）
估　价：RMB 600,000~650,000
成交价：RMB 736,000
重362g 北京匡时 2017-12-04

75 2017年云南冰岛百年古树普洱生茶（4筒28饼）
估　价：HKD 56,000~66,000
成交价：RMB 53,867
北京匡时 2017-10-02

2310 20世纪30年代 普庆号圆茶（一片）
估　价：RMB 600,000~650,000
成交价：RMB 690,000
重267g 上海匡时 2017-11-05

3621 20世纪80年代 88青饼—7542七子饼茶（一筒加一饼）
估　价：RMB 500,000~580,000
成交价：RMB 575,000
重347g/饼 华艺国际 2017-11-24

3622 20世纪80年代 厚纸8582七子饼茶（一筒加一饼）
估　价：RMB 620,000~800,000
成交价：RMB 713,000
重344g/饼 华艺国际 2017-11-24

3631 民国初期 百年陈云号白票圆茶（一饼）
估　价：RMB 900,000~1,200,000
成交价：RMB 1,035,000
重303g 华艺国际 2017-11-24

3635 民国初期 号级之最古董普洱茶组合（3饼）
估　价：RMB 5,000,000~6,000,000
成交价：RMB 5,750,000
华艺国际 2017-11-24

395 1950年 勐海茶厂普洱茶饼 无纸红印（生茶）
估　价：RMB 1,700,000~2,100,000
成交价：RMB 2,242,500
重2223g 上海明轩 2017-06-30

2475 1989年首批 薄纸8582七子饼茶（7饼）
估　价：RMB 320,000~380,000
成交价：RMB 483,000
重2362g 北京匡时 2017-06-03

3526 20世纪50年代 红印圆茶 (3饼)
估 价：RMB 1,600,000~2,000,000
成交价：RMB 2,070,000
重324g、重330g、重335g 华艺国际 2017-05-26

2462 20世纪50年代 蓝印圆茶铁饼（一筒）
估 价：RMB 1,200,000~1,500,000
成交价：RMB 1,863,000
北京匡时 2017-06-03

2501 20世纪50年代 无纸红印圆茶（一筒）
估 价：RMB 1,200,000~1,400,000
成交价：RMB 1,380,000
重2211g 北京匡时 2017-06-03

2338 2002年 老白茶 白印（一组7片）
估 价：RMB 77,000~85,000
成交价：RMB 88,550
北京匡时 2017-06-03

3943 20世纪40年代 宋聘号铁饼（生茶）（一饼）
估 价：RMB 180,000~220,000
成交价：RMB 230,000
重312g 西泠拍卖 2017-07-16

3529 20世纪50年代 红印铁饼（一饼）
估 价：RMB 480,000~500,000
成交价：RMB 552,000
重330g 华艺国际 2017-05-26

3520 民国初期 小票敬昌号圆茶 （7饼）
估 价：RMB 3,500,000~4,200,000
成交价：RMB 4,427,500
重2338g 华艺国际 2017-05-26

708 20世纪50年代-60年代 雅安茶厂黑茶（一包）
估 价：RMB 180,000~250,000
成交价：RMB 207,000
重29.5千克 荣宝斋（上海） 2017-07-30

2486 20世纪80年代 7542-88青饼 有内票（1筒）
估 价：RMB 320,000~380,000
成交价：RMB 506,000
重2463g 北京匡时 2017-06-03

2515 民国初期 百年福元昌号圆茶-紫票（1饼）
估 价：RMB 1,000,000~1,200,000
成交价：RMB 1,955,000
重288g 北京匡时 2017-06-03

2463 民国初期 百年蓝标宋聘号圆茶（一饼）
估 价：RMB 900,000~1,000,000
成交价：RMB 1,552,500
重315g 北京匡时 2017-06-03

1783 20世纪80年代无纸蓝铁两筒
估 价：RMB 320,000~420,000
成交价：RMB 966,000
北京东正 2017-06-08

396 民国时期 小票敬昌号圆茶
估 价：RMB 550,000~700,000
成交价：RMB 782,000
重326g 上海明轩 2017-06-30

3634 五十年代 印级圆茶系列经典组合（7饼）
估 价：RMB 2,600,000~3,000,000
成交价：RMB 3,082,000
华艺国际 2017-11-24

## 盆 景

4832 五针松
成交价：RMB 230,000
134cm×142cm 中国嘉德 2017-12-21

4842 真柏
成交价：RMB 287,500
68cm×98cm 中国嘉德 2017-12-21

3063 博兰盆景
估 价：HKD 100,000~120,000
成交价：RMB 334,125
宽125cm 香港苏富比 2017-04-04

3528 赤松
估 价：RMB 100,000~160,000
成交价：RMB 184,000
90cm×150cm；直径18cm 西泠拍卖 2017-07-16

3551 大阪松
估 价：RMB 100,000~150,000
成交价：RMB 172,500
90cm×120cm；直径30cm 西泠拍卖 2017-07-16

3553 黑松
估 价：RMB 250,000~350,000
成交价：RMB 345,000
100cm×150cm；直径20cm 西泠拍卖 2017-07-16

177 小林国雄 真柏
估 价：RMB 240,000~400,000
成交价：RMB 288,000
91cm×113cm 佳士得（上海） 2017-09-24

3550 真柏
估　价：RMB 150,000~250,000
成交价：RMB 247,250
90cm×120cm；直径28cm 西泠拍卖 2017-07-16

## 乐　器

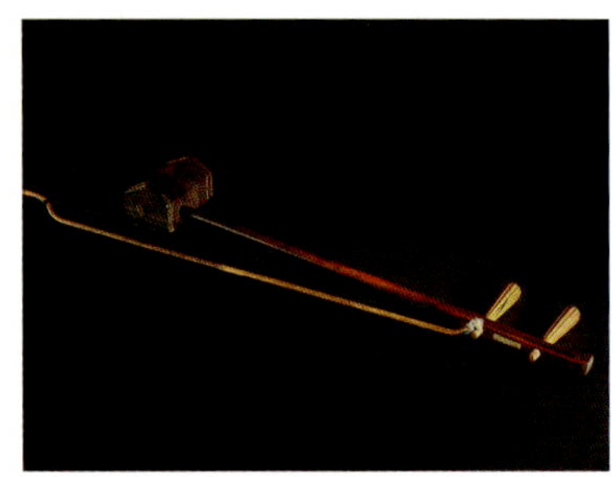

321 清中期 黄花梨木制二胡
估　价：RMB 40,000~60,000
成交价：RMB 46,000
长71.5cm 北京银座 2017-12-20

15735 德国 施坦威 steinway & sons 路易十五风格 白色鎏金外壳钢琴 特别定制款 1984年制
估　价：RMB 1,500,000~2,500,000
成交价：RMB 1,840,000
钢琴长约182cm 北京保利 2017-06-07

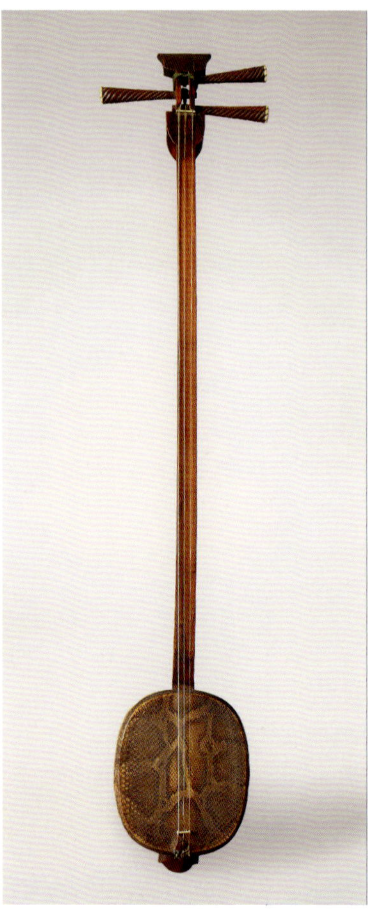

5423 民国 红木蟒皮三弦琴
估　价：RMB 5,000~8,000
成交价：RMB 63,250
长118cm 北京保利 2017-06-07

597 施坦威 — 路易十五豪华雕刻鎏金钢琴
估　价：RMB 1,600,000~3,000,000
成交价：RMB 1,840,000
保利华谊 2017-12-08

## 音　响

374 19世纪老唱机
估　价：RMB 40,000~50,000
成交价：RMB 46,000
机身31cm×15cm 北京宣石 2017-05-21

2329 1880年 多功能八音盒
估　价：RMB 100,000~150,000
成交价：RMB 138,000
72cm×46cm 北京翰海 2017-06-04

2325 20世纪初 柜式唱片机
估　价：RMB 160,000~200,000
成交价：RMB 207,000
220cm×104cm 北京翰海 2017-06-04

2306 瑞士 罕见瑞士大型音乐盒配写字台
估　价：RMB 500,000~600,000
成交价：RMB 575,000
长174cm 华艺国际 2017-05-27

# 尚　品

5506 2015年 REDEO 小马挂饰（一组4件）
成交价：RMB 23,000
中国嘉德 2017-06-20

3534 THOMAS BOOG 设计PETIT H 皮革及金属件镜子
估　价：HKD 300,000~350,000
成交价：RMB 319,125
直径69cm 佳士得 2017-11-29

1975 爱马仕2008 亮面黑色凯莉包
成交价：RMB 1,667,500
32cm×22cm 上海匡时 2017-11-05

1989 爱马仕2010 亮面紫水晶铂金包
成交价：RMB 1,437,500
35cm×25cm 上海匡时 2017-11-05

1981 爱马仕2011 罕见雾面白色喜马拉雅铂金包
成交价：RMB 2,530,000
30cm×20cm 上海匡时 2017-11-05

3521 珍罕雾面白色喜玛拉雅尼罗鳄鱼皮30公分钻石柏金包附18K白金及钻石配件
估　价：HKD 1,500,000~2,000,000
成交价：RMB 2,535,980
30cm×20cm 佳士得 2017-11-29

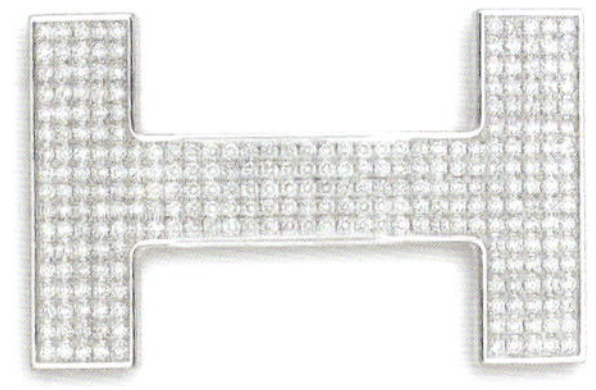
3526 珍罕钻石及18K白金H皮带扣
估　价：HKD 150,000~200,000
成交价：RMB 234,025
6cm×4cm 佳士得 2017-11-29

3528 钻石和18K玫瑰金COLLIER DE CHIEN小码手镯，及钻石及18K玫瑰金FILET D'OR指环（一套两件）
估　价：HKD 80,000~100,000
成交价：RMB 69,144
直径5.5cm 佳士得 2017-11-29

2259 爱马仕 2008 极为罕有亮面黑色POROSUS鳄鱼皮25公分钻石柏金包附18K白金及钻石配件
估 价：HKD 800,000~1,200,000
成交价：RMB 881,460
25cm×19cm 保利香港 2017-10-03

2305 爱马仕 2010 罕见渐变色SALVATOR蜥蜴皮25公分柏金包附银色金属配件
估 价：HKD 250,000~500,000
成交价：RMB 587,640
25cm×19cm 保利香港 2017-10-03

2379 爱马仕 2014 极其罕见桃红色蜥蜴皮30公分柏金包附金色金属配件
估 价：HKD 300,000~400,000
成交价：RMB 430,936
30cm×20cm 保利香港 2017-10-03

2713 爱马仕 2010 罕见渐变色SALVATOR蜥蜴皮25公分柏金包附银色金属配件
估 价：HKD 180,000~250,000
成交价：RMB 630,828
25cm×19cm 保利香港 2017-04-04

2645 爱马仕 2010 罕见雾面SO BLACK黑色尼罗鳄鱼皮30公分柏金包附黑色金属配件
估 价：HKD 450,000~650,000
成交价：RMB 935,728
保利香港 2017-04-04

3347 爱马仕 2011 罕见亮面渐变色SALVATOR蜥蜴皮25公分SELLIER凯莉包附钯金配件
估 价：HKD 150,000~200,000
成交价：RMB 831,563
25cm×18cm 佳士得 2017-05-31

3383 爱马仕 2014 限量版雾面橘红色短吻鳄皮、蜥蜴皮及鸵鸟皮30公分GRAND MARIAGE柏金包附精铜配件
估 价：HKD 400,000~500,000
成交价：RMB 443,500
30cm×22cm 佳士得 2017-05-31

3484 爱马仕 2014 珍罕亮面紫桃红色POROSUS鳄鱼皮30公分钻石柏金包附18K白金钻石配件
估 价：HKD 1,000,000~1,500,000
成交价：RMB 1,219,625
30cm×22cm 佳士得 2017-05-31

2372 爱马仕 2015 极为罕有亮面黑色POROSUS鳄鱼皮30公分钻石柏金包附18K白金及钻石配件
估 价：HKD 900,000~1,500,000
成交价：RMB 881,460
30cm×20cm 保利香港 2017-10-03

2307 爱马仕 2016 罕见雾面白色喜马拉雅尼罗鳄鱼皮25公分内缝凯莉包附银色金属配件
估 价：HKD 600,000~800,000
成交价：RMB 734,550
25cm×18cm 保利香港 2017-10-03

2717 爱马仕 2016 极为罕见白色雾面喜马拉雅尼罗鳄鱼皮30公分钻石柏金包附18K白金及钻石配件
估 价：HKD 1,500,000~2,000,000
成交价：RMB 2,575,881
30cm×20cm 保利香港 2017-04-04

3546 爱马仕 2016 亮面仙人掌绿色短吻鳄皮25公分SELLIER凯莉包附黄金配件
估 价：HKD 400,000~500,000
成交价：RMB 665,250
25cm×18cm 佳士得 2017-05-31

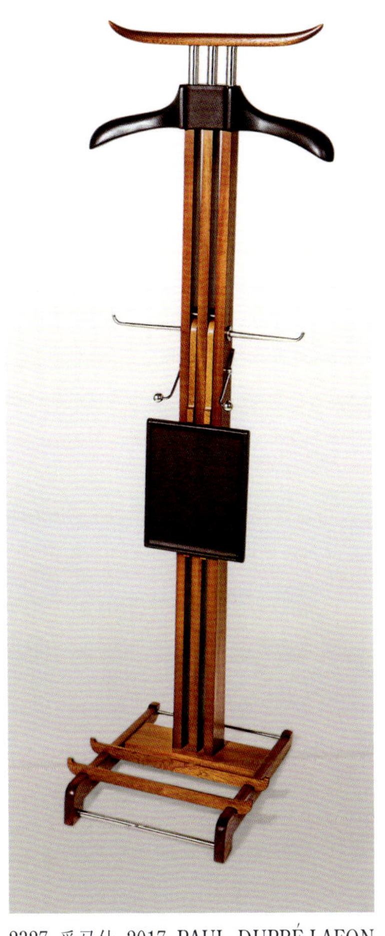

2327 爱马仕 2017 PAUL DUPRÉ-LAFON设计 桃木及牛皮VALET DE NUIT衣架
估 价：HKD 50,000~100,000
成交价：RMB 63,661
138cm×44.5cm 保利香港 2017-10-03

2326 爱马仕 2017 RENA DUMAS&-PETER COLES设计 梨木及金色CLEMENCE牛皮可折迭扶手椅附金色金属配件（一组两把）
估 价：HKD 80,000~180,000
成交价：RMB 186,086
87cm×81cm 保利香港 2017-10-03

2383 爱马仕 2017 特别订制亮面紫粉及翡翠绿双色尼罗鳄鱼皮28公分外缝凯莉包附雾面金色金属配件
估 价：HKD 400,000~700,000
成交价：RMB 587,640
28cm×21cm 保利香港 2017-10-03

## 中成药

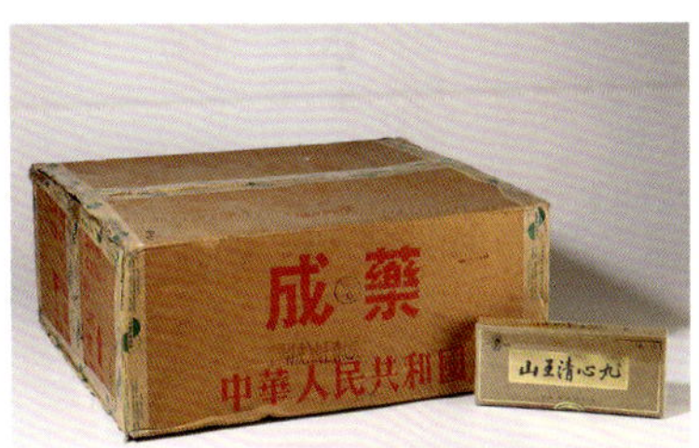


4784 1991年同仁堂山王清心丸（原箱50盒）
估 价：RMB 450,000~500,000
成交价：RMB 517,500
数量10丸/盒 北京保利 2017-12-19

1840 1989年同仁堂大活络丹 1盒
成交价：RMB 32,200
数量10丸 北京东正 2017-06-08

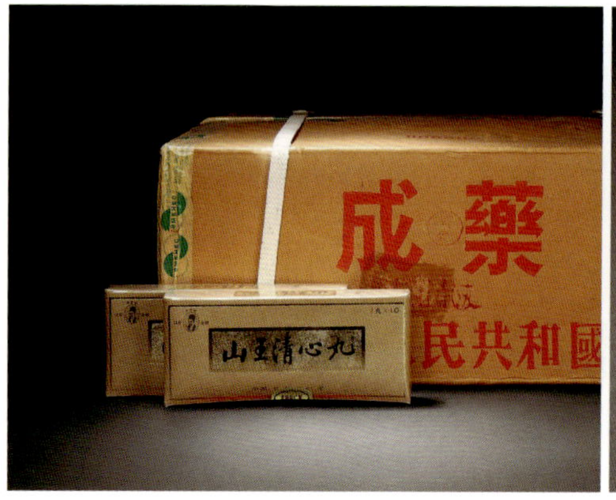

1853 1991年北京同仁堂监制 山王清心丸
估 价：RMB 90,000~100,000
成交价：RMB 701,500
1箱×50盒 北京东正 2017-06-08

3391 80年代山西远字安宫牛黄丸（100丸）
估 价：RMB 1,000,000~1,200,000
成交价：RMB 1,495,000
数量100丸 北京荣宝 2017-12-02

425 天津达仁堂 1987年清宫蟠桃丸（50盒）
估 价：RMB 150,000~200,000
成交价：RMB 310,500
10颗/盒 北京东正 2017-12-09

1680 1994年片仔癀
估 价：RMB 48,000~60,000
成交价：RMB 55,200
数量20粒 保利厦门 2017-06-26

14813 20世纪80年代同仁堂安宫牛黄丸
估 价：RMB 264,000~300,000
成交价：RMB 303,600
数量12丸 北京保利 2017-06-07

## 滋补品

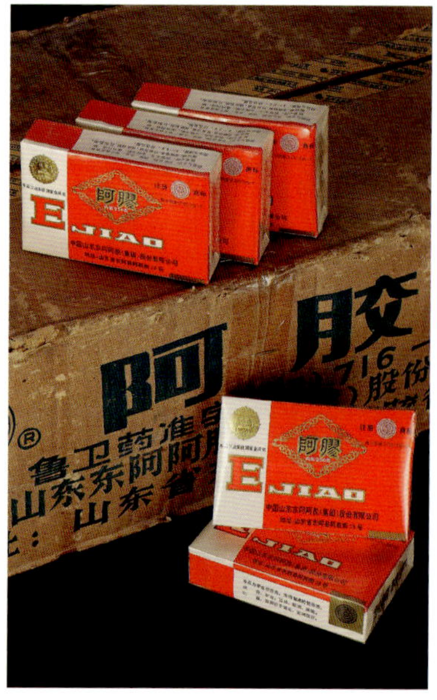

3304 1996年 东阿 阿胶（原箱）(80盒)
估 价：RMB 660,000~720,000
成交价：RMB 759,000
数量250g/盒 华艺国际 2017-05-26

1 2017年西藏那曲每条精选野生虫草皇上皇（特别干）
估　价：HKD 350,000~380,000
成交价：RMB 342,790
600克约970条 北京匡时 2017-10-02

3184 缅甸 房胶 （约25年）
估　价：RMB 300,000~350,000
成交价：RMB 345,000
重237g 华艺国际 2017-11-24

3299 房胶 约35-40年（缅甸金钱/公）（1个）
估　价：RMB 350,000~450,000
成交价：RMB 402,500
重345g 华艺国际 2017-05-26

63 长白山野生人参 百以上天然生长
估　价：HKD 800,000~1,200,000
成交价：RMB 763,932
北京匡时 2017-10-02

3296 石肚 鳘鱼胶 约45-50年 （1个）
估　价：RMB 130,000~150,000
成交价：RMB 149,500
重306g 华艺国际 2017-05-26

3300 蜘蛛 鳘鱼胶 约15-20年（本港/公）（1个）
估　价：RMB 350,000~450,000
成交价：RMB 402,500
重185g 华艺国际 2017-05-26

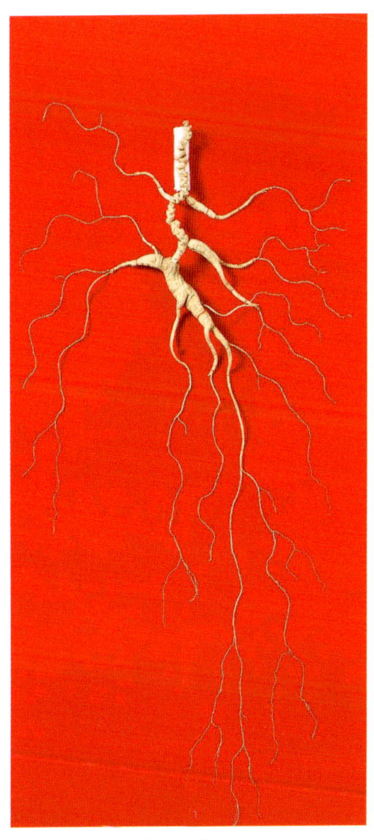

1810 野山参（百年参王）
估　价：RMB 780,000~880,000
成交价：RMB 897,000
北京东正 2017-06-08

14936 缅甸金钱鳘鱼肚 （1个）
估　价：RMB 400,000~460,000
成交价：RMB 460,000
重528g 北京保利 2017-06-07

# 海产品

3290 岩手21-25头吉品鲍 2006年（116只）
估　价：RMB 150,000~180,000
成交价：RMB 172,500
重3000g 华艺国际 2017-05-26

3281 岩手3头大网鲍（3只）
估　价：RMB 90,000~120,000
成交价：RMB 103,500
华艺国际 2017-05-26

# 兵　器

5588 唐 龟形兵符
估　价：RMB 11,000~18,000
成交价：RMB 21,850
通长4.2cm 西泠拍卖 2017-07-17

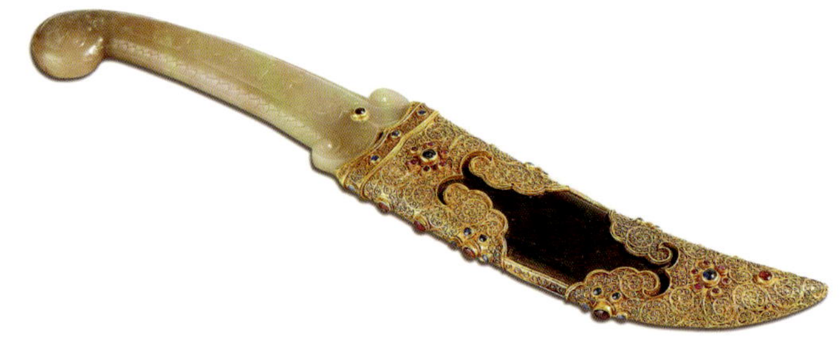

1536 清乾隆 金花丝玉柄刀
估　价：RMB 90,000~120,000
成交价：RMB 103,500
长27cm 北京荣宝 2017-04-02

1247 18世纪 痕都斯坦白玉大马士革折钢刀
估　价：RMB 250,000~350,000
成交价：RMB 322,000
长37.5cm 印千山 2017-03-30

1074 18世纪 白玉柄裁纸刀及刀鞘
估　价：USD 8,000~12,000
成交价：RMB 475,681
长23.5cm 纽约佳士得 2017-03-17

5595 清 鲨鱼皮鞘腰刀
估　价：RMB 80,000~120,000
成交价：RMB 92,000
长79.5cm 中国嘉德 2017-04-01

# 汽　车

927 2007款奔驰迈凯轮SLR722敞篷版
估　价：RMB 3,600,000~4,000,000
成交价：RMB 4,480,500
上海匡时 2017-11-05

906 2012款劳斯莱斯古斯特 6.6T 标准版
估　价：RMB 2,500,000~2,800,000
成交价：RMB 2,987,000
上海匡时 2017-11-05

930 2013款法拉利LaFerrari V12
成交价：RMB 39,655,000
上海匡时 2017-11-05

918 2016款法拉利488GTB 3.9T
估　价：RMB 3,000,000~3,500,000
成交价：RMB 3,296,000
上海匡时 2017-11-05

928 2015款迈凯轮P1
估　价：RMB 12,000,000~14,000,000
成交价：RMB 16,995,000
上海匡时 2017-11-05

913 2017款阿斯顿马丁DB11-V12
估　价：RMB 3,000,000~3,200,000
成交价：RMB 3,522,600
上海匡时 2017-11-05

# 其他艺术品

3041 始新世（五千万年前） 美国怀俄明州凯默勒绿河组海洋鱼
估 价：HKD 260,000~350,000
成交价：RMB 891,000
200.3×120.8cm 香港苏富比 2017-04-04

3056 公元前28000年 美国阿拉斯加海象颅骨连牙化石
估 价：HKD 150,000~200,000
成交价：RMB 501,188
总88.3×40.6×30.5cm 香港苏富比 2017-04-04

5034 粉晶寿桃盆景（一对）
估 价：RMB 1,000~2,000
成交价：RMB 94,300
高86cm×2 中国嘉德 2017-09-04

292 清乾隆（1749年、1784年）苏州金砖（两件）
估 价：GBP 6,000~8,000
成交价：RMB 178,860
长72cm；长68.5cm 伦敦苏富比 2017-05-10

605 清乾隆/民国 各式斋戒牌（一组3件）
估 价：RMB 200,000~300,000
成交价：RMB 230,000
尺寸不一 保利厦门 2017-06-26

13494 “篮球之神”迈克尔·乔丹（Michael Jordan）FLEER新秀球星卡
估 价：RMB 50,000~100,000
成交价：RMB 57,500
8.8×6.3cm 北京保利 2017-12-17

1691 0601线香
估 价：RMB 400,000~600,000
成交价：RMB 460,000
北京东正 2017-06-08

178 清晚期 随形藤条手杖
估 价：RMB 80,000~120,000
成交价：RMB 92,000
长128cm 上海明轩 2017-06-30